Jeanne Rubner und Peter Falkai
Das Glück wohnt neben dem Großhirn

Jeanne Rubner
Peter Falkai

Das Glück
wohnt neben
dem Großhirn

Wie der Kopf unsere
Gefühle steuert

Mit 4 Schwarz-Weiß-Abbildungen

Mehr über unsere Autoren und Bücher:
www.piper.de

Die Namen und Orte der Personen in den Fallbeispielen wurden
aus persönlichkeitsrechtlichen Gründen verändert.

MIX
Papier aus verantwor-
tungsvollen Quellen
FSC® C014496

ISBN 978-3-492-05862-9
Originalausgabe
© Piper Verlag GmbH, München, 2017
Satz: Kösel Media GmbH, Krugzell
Gesetzt aus der Sabon LT
Illustrationen: Sven Binner
Litho: Lorenz & Zeller, Inning am Ammersee
Druck und Bindung: GGP Media GmbH, Pößneck
Printed in Germany

Inhalt

Einleitung

Für Sabine Maier kommt das Unglück schleichend. Zuerst fühlt sich die Mittfünfzigerin nur etwas schlapp. Doch die Müdigkeit will nicht weichen und macht sich täglich in ihrem Körper breit. Nach ein paar Wochen verspürt sie eine große Lustlosigkeit, die sich zu einer regelrechten Erschöpfung auswächst. Der Hausarzt schickt sie zum Psychiater, der eine Depression feststellt und ihr ein Antidepressivum verschreibt. Doch ihr Zustand verbessert sich dadurch nicht. Im Gegenteil – Frau Maier ist nun nicht mehr nur erschöpft, sondern auch leicht reizbar und tut sich schwer, Entscheidungen zu treffen. An die Arbeit als Buchhalterin ist nicht mehr zu denken, sie quält sich nur noch durch den Tag. Auf Anraten von Freunden lässt sie sich einen Termin in der Psychiatrischen Klinik der Universität München geben. Dort empfehlen die Ärzte, das Medikament zu wechseln. Doch auch das neue Mittel verschafft ihr keine Linderung, sondern ihr Zustand verschlechtert sich zunehmend, und es kommt noch hinzu, dass sie sich jetzt auch nicht mehr konzentrieren kann. Sie denkt immer häufiger an Selbstmord.

Ihr Ehemann bittet nun die Psychiater, seine Frau erneut zu untersuchen. Er kann sich nicht erklären, warum sie, die zuvor glücklich und zufrieden war, psychisch derart am Ende ist. Ihm ist zudem aufgefallen, dass sie in den letzten Wochen Erinnerungslücken hatte und die Namen von Freunden und Familienmitgliedern nicht mehr nennen konnte. Die Mediziner machen einen Kognitionstest, dabei werden unterschiedliche Gehirnleistungen wie Spracherkennung, Rechnen, Orientierung und Planungsvermögen gemessen. Der Test dient normalerweise dazu, eine Demenz im frühen Stadium zu erkennen. Als sie die Ergebnisse der Patientin sehen, sind sie überrascht: Frau Maier hat nur die Hälfte von 30 möglichen Punkten erreicht, schon ab 24 geht man davon aus, dass das Gehirn sich in einem Zustand des Abbaus befindet.

Eine Computertomografie und Kernspinaufnahme des Kopfes zeigen: Die Patientin hat Meningeome an gleich mehreren Stellen. Das sind gutartige Tumore der Gehirnhaut, die langsam wachsen, bis in die Großhirnrinde hinein. Einer der Krebsherde ist im Fall von Frau Maier jedoch ziemlich groß, er befindet sich auf der linken Seite, hinter der Stirn. Und er hat sich bis in den Stirnlappen ausgedehnt. Dieser Teil des Gehirns hinter der Stirn ist ganz wesentlich beteiligt, wenn wir aufmerksam sind, komplizierte Aufgaben lösen oder Handlungen planen. Das erklärt, warum Frau Maier müde und antriebslos ist, aber sich auch nicht mehr konzentrieren kann und sich schwertut, Handlungen zu planen. Sie wird sofort operiert, und einen Monat nach dem Eingriff sind ihre Symptome verschwunden. Auch jetzt, zwei Jahre später, geht es ihr gut.

Die Tumore hatten Teile des Gehirns geschädigt und aus einer glücklichen, zufriedenen Frau eine depressive Patientin gemacht. Normalerweise beeinträchtigen Zellwucherungen eher die kognitiven Fähigkeiten, aber sie können auch Depressionen, Halluzinationen oder Ängste auslösen. Zuweilen sind diese psychischen Beeinträchtigungen sogar die einzigen Symptome eines Tumors.

Französische Ärzte, die kürzlich einen ähnlichen Fall in der renommierten Fachzeitschrift *British Medical Journal* beschrieben haben, schlagen daher vor, in bestimmten Fällen einer Depression – wenn die Patienten älter sind, auf Medikamente nicht ansprechen oder an ausgeprägter Apathie leiden – routinemäßig eine Gehirnaufnahme zu machen.

Nun muss nicht jeder, der an einer Depression leidet, Angst haben, dass Krebszellen in seinem Kopf wuchern. Depression ist eine häufige Krankheit, Meningeome oder andere Tumore des Gehirns sind eher selten. Trotzdem zeigt der Fall von Frau Maier ganz deutlich: Das Gehirn ist beteiligt, wenn wir glücklich oder unglücklich sind. Depressionen sind ein Zustand extremer Traurigkeit und Unzufriedenheit, also das Gegenteil von Glück, von Lebenslust und Zufriedenheit. All diese Gefühle entstehen im Gehirn, wo genau und wie – davon handelt dieses Buch.

Glück ist die einzige wichtige Sache im Leben, hat der US-Psychologe und Glücksforscher Daniel Gilbert in einem Interview einmal gesagt. Das klingt zwar etwas pathetisch, aber es stimmt: Wir alle streben nach Glück, Freude und Zufriedenheit. Diese Sehnsucht steckt tief im Menschen drin. Es ist gewissermaßen ein Lebensprinzip. Zum Leben braucht man es zwar nicht so zwingend wie Essen, ein Dach über dem

Kopf oder ein Einkommen. Aber man braucht das Glück, um gut zu leben. Wer nicht glücklich ist oder zumindest zufrieden, lebt zwar, aber er lebt nicht gut. Glück und Gesundheit sind dabei eng miteinander verbunden. Wer gesund ist, ist zwar nicht automatisch glücklich, und wer krank ist, kann trotzdem glücklich sein, aber es gibt einen Zusammenhang. »Da es sehr förderlich für die Gesundheit ist«, hat der französische Philosoph und Aufklärer Voltaire geschrieben, »habe ich beschlossen, glücklich zu sein.«

Bereits biblische Geschichten wie die vom Paradies oder auch die griechische Sagenwelt zeugen davon, dass die Suche nach dem Glück eine lange Tradition hat. So glaubte beispielsweise der griechische König Midas, nur durch Reichtum glücklich werden zu können, und wünschte sich, dass alles, was er anfasste, zu Gold werde. Er vergaß dabei, dass man Gold bekanntlich nicht essen und trinken kann. Selbst seine geliebte Tochter erstarrte zu Gold.

In Wirklichkeit kann Glück so vieles sein. Auch der glückliche Zufall, für den die Angelsachsen den Ausdruck »luck« haben. Um diesen Zufall oder die Schicksalswendung geht es uns allerdings in diesem Buch weniger, sondern um den innerlich empfundenen Zustand. Um das Gefühl, das sich besonders anfühlt, besser als das durchschnittliche Leben. Und damit ist schon klar: Glück ist etwas sehr Individuelles und Persönliches, es hängt vom Alter ab, von den Erfahrungen, die man gemacht hat, und von den Erwartungen, die man ans Leben hat. Kinder empfinden häufig Glück, wenn sie mit ihren Freunden spielen. Und für viele Menschen ist Glück die Beziehung, die Liebe zu einem Partner. Soziale Beziehungen machen in der Regel glücklich, wie wir später sehen werden. Aber das gilt natürlich nicht immer und auch nicht für jeden im selben Maße: Ein viel beschäftigter Freund, der von diesem Buchprojekt erfuhr, sagte spontan, dass er schon glücklich sei, wenn man ihn in Ruhe lasse und er ganz allein einer Beschäftigung nachgehen könne. Die alte, einsame Dame dagegen ist glücklich, wenn ihre Enkelin zu Besuch vorbeischaut.

Glück kann eine kurze, heftige Empfindung sein, der Geschmack einer reifen Kirsche, die ersten Noten von Mozarts *Kleiner Nachtmusik* oder das Kribbeln im Bauch, wenn wir verliebt sind. Glück kann aber auch ein paar Stunden anhalten, zum Beispiel als dieses wohlige Gefühl, wenn die Familie nach dem Stress am Weihnachtsabend endlich am Tisch zusammensitzt und sich die Gans schmecken lässt. Oder die tiefe Verbundenheit, die wir empfinden, wenn wir einen alten Freund treffen, den wir lange nicht gesehen haben, und uns trotzdem viel zu sagen haben. Das macht dankbar und zufrieden. Wenn wir uns Glücksgefühle auf einer Skala vorstellen, stünde die Ekstase, die fast sprichwörtliche Glückseligkeit an einem Ende und am anderen Ende würde man eher von Zufriedenheit sprechen.

In den letzten Jahrzehnten ist die Suche nach dem Glück zu einem Leitmotiv geworden. Wohlstand, zumindest in der industrialisierten Welt, hat das Leben einfacher gemacht. Wir haben Krankenversicherungen, mit denen wir zum Arzt gehen und im Krankenhaus operiert werden können. Wir haben ein Rentensystem, das uns versorgt, wenn wir nicht mehr arbeiten. Viele von uns müssen nicht mehr körperlich schuften, um ihren Lebensunterhalt zu verdienen, und Hartz IV sollte zumindest das Betteln überflüssig machen. Unser Alltag ist im Vergleich zu den vergangenen Jahrhunderten einfacher geworden. Gleichzeitig wird uns von vielen Seiten eingeredet, dass wir auch glücklich und zufrieden zu sein haben. Angst, Unglück, Trauer, Niedergeschlagenheit, das sind Zustände, die man besser nicht erlebt, sondern verdrängt. Negative Gefühle sind keine Option. Es geht nicht mehr ums Überleben, es geht um die Suche nach dem Glück.

40 Millionen Einträge zählt die Suchmaschine Google beim Stichwort »Glück«. 2800 deutschsprachige Bücher nennt der Versandhändler Amazon. Es gibt Ratgeber für jede Lebenslage und jedes Buch hat ein anderes Glücksrezept. Iss dich glücklich! Glücklich durch Yoga! Die Glücksformel! Das Geheimnis glücklicher Kinder! Berge von Glücksrezepten, die suggerieren: Wir sind für unser Glück selbst verantwortlich, und wir können es sogar regelrecht erzeugen – so wie man einen Kuchen backt. Hier sind die Zutaten, rühre sie zusammen und das Ergebnis ist Glück.

Doch mit dem Glück ist es nicht so einfach. Es entsteht nämlich im Kopf und ist sehr viel mehr ein Ergebnis unseres Denkens, also hirnphysiologischer Abläufe, als der äußeren Lebensumstände, wie wir sehen werden.

Wir beide – ein Psychiater, der sich jeden Tag mit vielen Fällen unglücklicher Menschen auseinandersetzt, und eine Journalistin, die sich intensiv mit Gehirnforschung beschäftigt hat – sind aufgrund der wissenschaftlichen Evidenz davon überzeugt, dass das

Glück im Gehirn zu suchen und zu finden ist. Wir wollen in diesem Buch tief in das Gehirn eintauchen, bis zu den Nervenzellen, und dort nach den Spuren des Glücks und auch des Unglücks suchen. Welche Nervennetze sind aktiv, wenn dunkle Gefühle uns plagen und daran hindern, glücklich zu sein? Welche Botenstoffe wirken zwischen den Nervenzellen, und welche dieser chemischen Substanzen machen uns besonders glücklich? Manche wirken regelrecht wie Drogen, sie lindern Schmerzen und lassen unangenehme Erinnerungen verblassen. Wie funktioniert diese Chemie des Glücks?

Auch wollen wir der Frage nachgehen, was genau es eigentlich ist, das uns glücklich macht. Häufig scheinen wir glücklich zu sein, wenn unsere Wünsche an das Leben, an den Job, an den Partner, an die Freunde erfüllt werden. Aber warum haben wir überhaupt bestimmte Erwartungen? Warum trainieren manche Menschen täglich drei Stunden und erleben ein Hochgefühl, wenn sie einen Marathon laufen? Und warum sind andere wie im Rausch, wenn sie das hundertste Paar Schuhe kaufen, das sie dann doch nur zweimal in ihrem Leben tragen werden? Warum sind manche Menschen glücklich, wenn sie mit ihrem Partner vor dem Kaminfeuer in ihrem Reihenhäuschen sitzen, während andere ständig neue Abenteuer suchen? Wir werden zeigen, dass die Antworten darauf ebenfalls in unserem Gehirn zu finden sind.

Dieses Buch handelt von Glücksgefühlen, und wir werden sehen, dass sie nicht einfach vom Himmel fallen, sondern dass der Weg zu Glück und Zufriedenheit oft ein beschwerlicher ist. Damit wollen sich viele

Menschen nicht abfinden. Die moderne Medizin hat Medikamente gegen Depressionen und Angst gefunden. Doch man muss nicht unbedingt krank sein, um Substanzen zu schlucken, die ähnlich wirken wie stimmungsaufhellende Medikamente. Manche Menschen wollen einfach so ihre Leistung und ihre Stimmung verbessern. Aber wie gut funktioniert dieses Neuro-Enhancement, also die Verbesserung des Gehirns? Halten Glückspillen tatsächlich das, was sie versprechen? Was verändern sie in unserem Kopf? Die Frage ist natürlich auch, wie gefährlich sie sind und ob sie uns eher süchtig als glücklich machen.

Anstrengender und langwieriger, als Glückspillen zu schlucken, scheinen die Methoden zu sein, die versprechen, durch mentales Training unsere Gedanken zu verändern. Wirken sie womöglich langfristiger als die Chemie? Wir werden der spannenden Frage nachgehen, ob man Glück tatsächlich lernen kann. Können wir unsere Nervennetze und Botenstoffe entsprechend trainieren, damit sie Glück erzeugen?

Viel Glück! Das wünschen wir anderen häufig und sagen es so schnell dahin. Es klingt einfach. Aber die Suche nach dem Glück und das Erlangen von Zufriedenheit sind nicht einfach. Das liegt vor allem daran, dass das Gehirn alles andere als einfach ist. Es ist ein komplexes, ein großartiges Organ, das unendlich viel kann und uns befähigt, ein interessantes und auch ein glückliches Leben zu führen. Wenn wir verstehen, warum das Glück im Gehirn wohnt, können wir es dort suchen. Lesen Sie sich also glücklich!

1 Was uns glücklich macht

Am 20. August 1994 räumte der arbeitslose Teppich-
leger Lothar Kuzydlowski aus Hannover im Lotto
3,9 Millionen Mark ab, umgerechnet 2 Millionen
Euro. Daraufhin baute er sich ein Häuschen im Grü-
nen, in das er mit Frau und Tochter zog. Er gönnte
sich schöne Urlaube und einen schneeweißen Sport-
wagen. Um seinen Hals baumelte eine Goldkette mit
drei L: Lothar, Lotto, Lamborghini. Er war ein glücklicher Mensch, könnte man meinen.

Kurze Zeit später starb nicht nur Lothar Kuzydlow-
skis Vater, sondern auch sein Bruder, mit dem er gemeinsam Lotto gespielt hatte. Nach ein paar Jahren
verließ ihn auch noch seine Frau, denn sie hatte genug
von seinen Abenteuern mit Bardamen. Nach fünf Jahren, 1999, starb » Lotto-Lothar « mit nur 53 Jahren an
einer Leberzirrhose. Vom Lottogewinn waren noch
ein paar Zehntausend Mark übrig, um die sich nach
seinem Tod die Exfrau und die Geliebte stritten.

War Lothar ein unglücklicher Mensch? Schwer zu
sagen, er hatte sicher glückliche Momente im Leben.
Aber unterm Strich hat ihm der Glücksgewinn kein
Glück gebracht. Und auffälligerweise gibt es viele Geschichten von Lottospielern, die im Suff, in einer Krankheit oder mit dem Tod enden. Solche Berichte erfreuen

uns zwar nicht gerade, aber zumindest beruhigen sie uns vielleicht ein bisschen. Denn sie geben uns die Gewissheit, dass Geld eben wirklich nicht glücklich macht.

Eine Statistik über das Schicksal von Lottogewinnern gibt es nicht. Aber tatsächlich existiert das, was Psychologen die »hedonistische Tretmühle« oder »hedonistische Anpassung« nennen. Hedonismus kommt vom altgriechischen *hēdonē* und bedeutet so viel wie Freude, Genuss oder sinnliche Begierde. Wenn Menschen etwas erleben, das in ihnen starke Gefühle hervorruft – also zum Beispiel große Freude, weil sie im Lotto eine Million Euro gewonnen haben –, dann bleibt die Intensität dieses Gefühls nicht lange erhalten. Recht schnell fallen sie auf ihr ursprüngliches Glücksniveau zurück. Wie schnell, das hängt davon ab, wie einschneidend das Erlebnis war. Der Lottospieler ist demnach kurz nach dem Freudentaumel auch nicht glücklicher, als bevor er den Jackpot geknackt hat. Man könnte auch sagen: Wir gewöhnen uns schnell an das neue Glück.

Diese Tretmühle funktioniert zum Glück, muss man sagen, nicht nur bei unerwartetem Reichtum und anderen freudigen Ereignissen im Leben. Auch an negative Ereignisse gewöhnen wir uns, sie stürzen uns nicht zwangsläufig lebenslang ins Unglück. Dazu gibt es eine bemerkenswerte Studie, die US-Psychologen vor etwa 40 Jahren gemacht haben. Sie befragten 22 Lottogewinner und 29 Personen, die als Folge eines Unfalls gelähmt waren, wie glücklich sie jetzt waren, wie glücklich sie vor dem Unfall beziehungsweise dem Lottogewinn gewesen waren und welche Erwartungen sie an die Zukunft hatten. Die Forscher verglichen die Antworten mit einer Kontrollgruppe, die keine besonderen Ereignisse erlebt hatte, weder positive noch negative.

Das Ergebnis: Die Lottogewinner waren nicht glücklicher als die Kontrollpersonen. Befragt nach ihrem Alltag, ob sie sich etwa über ein gutes Essen oder ein Kompliment freuten, waren sie sogar unzufriedener als die Kontrollgruppe und als die Unfallopfer. Noch überraschender war, dass die Unfallopfer zwar ihr früheres Leben als glücklicher als das heutige bewerteten, aber sie ebenso hohe Erwartungen an die Zukunft hatten wie die beiden anderen Gruppen. Irgendwann verblassen also die extremen Ereignisse, die uns aus dem Gleichgewicht gebracht haben – man könnte auch sagen, wir kehren zu einem früheren, für uns normalen Glückslevel zurück.

US-Forscher haben Menschen begleitet, die einen schweren Unfall hatten, bei dem ihre Wirbelsäule verletzt worden war. Eine Woche nach dem Unfall beschrieben sie ihre negativen Gefühle als viel stärker als die positiven. Doch schon acht Wochen später dominierten bei den Unfallopfern wieder die positiven Emotionen. Nun könnte man meinen, dass sie sich das Leben gewissermaßen schönreden, in der Hoffnung darauf, dass die Zukunft es besser mit ihnen meint. Tatsächlich beeinflussen negative Ereignisse wie Krankheiten, Scheidungen oder der Verlust des Jobs unser Glückslevel sehr viel stärker als positive. Aber insgesamt zeigt sich immer derselbe Mechanismus: Unsere Zufriedenheit kehrt zurück, und zwar in etwa dem Maße, wie wir sie zuvor verspürt haben.

Das hängt, wie wir später noch sehen werden, damit zusammen, wie unser Gehirn Gefühle verarbeitet. Diese Anpassung an die Schwankungen des Lebens ist einerseits schön, weil sich der Schmerz und das Unglück einer Niederlage oder eines Unfalls irgendwann verflüchtigen – andererseits passiert eben auch dasselbe mit den Glücksgefühlen. Wir sind überglücklich, wenn wir unseren Traumjob oder Traumpartner gefunden haben, aber der Zustand hält leider nicht sehr lange an. Jeder kennt das: Wir haben uns verliebt und der neue Partner ist für uns einzigartig und perfekt. Wir können uns gar nicht vorstellen, mit jemand anderem zu leben. Es ist, als hätten wir eine rosarote Brille verpasst bekommen, durch die alles wunderbar wirkt. Selbst die schmutzigen Socken, die er immer in die Ecke des Zimmers wirft, stören uns nicht, wir übersehen sie. Nach ein paar Monaten aber denken wir, dass er seine Wäsche doch aufräumen könnte. Und allmählich wird die Euphorie immer weniger, wir stellen fest, dass der geliebte Partner ein ganz normaler Mensch mit Fehlern und Schwächen ist. Ähnlich fühlt es sich an, wenn wir einen neuen Job beginnen. Am Anfang finden wir alles großartig, das bessere Gehalt, die neuen Kollegen, die Chefin, die uns eingestellt hat. Wir sind überglücklich. Doch nach spätestens ein paar Monaten kennen wir das Unternehmen, unsere Aufgaben sind Routine geworden, alles fühlt sich wieder normal an. Warum das so ist, liegt, wie wir später zeigen werden, an den Teilen des Gehirns, die Glück und Zufriedenheit steuern. Aber die gute Nachricht ist: Man kann selbst verhindern, dass die Glücksgefühle abflauen oder ganz verschwinden.

Wir haben eine Art psychologisches Immunsystem, so beschreibt es Daniel Gilbert, Psychologe an der Harvard University. Es verhindert in der Regel, dass wir in tiefes Unglück stürzen und uns nicht mehr davon befreien können. Denn wir passen uns an neue Gegebenheiten an und definieren unsere Welt immer wieder neu. Gilbert nennt Beispiele von Menschen, denen – teilweise selbst verschuldet – großes Unglück widerfahren ist und die sich danach als glücklicher bezeichnen als zuvor. So berichtet er von einem Mann, der 37 Jahre hinter Gittern saß für eine Tat, die er nicht begangen hatte. Als er mit 78 Jahren das Gefängnis verlassen durfte, sagte er, es sei eine »tolle Erfahrung« gewesen. Ein anderes Beispiel ist Pete Best, der erste Schlagzeuger der Beatles. Er verließ die Band, bevor sie richtig berühmt wurde. Das sei das Beste gewesen, was ihm passieren konnte, sagte Best, der den Rest seines Lebens als erfolgloser Musiker verbrachte. Das Gehirn passt sich an die jeweilige Situation an, es konstruiert sich gewissermaßen sein Glück. Gilbert nennt das »synthetisches Glück«. Um glücklich zu sein, biegen wir uns die Tatsachen immer wieder zurecht.

Die Wege zu Eudaimonia

Glück kommt von dem mittelhochdeutschen Wort *gelücke*. Das bedeutet so viel wie »die Art, wie etwas gut ausgeht oder wie etwas endet«. Glück hieß damals also, dass ein Ereignis für jemanden gut ausgegangen ist. Auch das französische *bonheur* hat eine ähnliche Wurzel: das altfranzösische *bon eür*, wobei *eür* vom lateinischen *augurium* kommt, was so viel bedeutet wie Weissagung oder Voraussage. *Le bonheur* ist demnach eine Aufgabe, eine Herausforderung mit gutem Ausgang. Wir sind glücklich, weil etwas gelungen ist. Glück ist demnach ursprünglich eher das schicksalhafte Glück, das im Englischen mit dem Begriff *luck* oder im Französischen mit *bonne chance* beschrieben wird. Die deutsche Sprache hingegen kennt keinen Unterschied zwischen dem guten Schicksal und dem persönlich empfundenen Glück.

Glück ist der Zustand, nach dem wir alle streben. Freilich ist » Glück « ein großes Wort, das viel bedeutet und schwer wiegt. Doch muss es immer gleich Glück sein, nach dem wir streben? Reicht nicht auch Zufriedenheit? » Zufriedenheit gilt als die Stiefschwester des Glücks «, schreibt Christina Berndt, Autorin des Buches *Resilienz. Das Geheimnis der psychischen Widerstandskraft*, in einem Artikel für die *Süddeutsche Zeitung*. Zufriedenheit habe keinen guten Ruf, es klinge nach Note 3, befriedigend. Sie plädiert trotzdem dafür, mehr nach Zufriedenheit zu streben statt immer nur nach Glück.

Tatsächlich ist der Übergang vom Glück zur Zufriedenheit fließend. Klar, das Glück glänzt mehr als die Zufriedenheit. Wenn wir glücklich sind, strahlen wir. Wenn wir zufrieden sind, lächeln wir höchstens. Aber beides ist ein Zustand, in dem das Gehirn seine Umwelt positiv bewertet. In dem es entscheidet, dass die Wirklichkeit den Erwartungen ziemlich nahekommt. Denn Glück ist genauso wie Zufriedenheit das Gefühl, mit dem das Gehirn signalisiert, dass man gerade das Richtige getan hat und dass einem diese Sache gutgetan hat. Es ist ein Zustand der Ausgeglichenheit, in dem wir spüren, dass wir ein oder sogar mehrere Ziele erreicht haben. Es ist dieser Moment, in dem wir auf der Gartenbank sitzen und unseren Kindern beim Spielen zusehen und uns nirgendwo anders hinsehen. Wir sind glücklich, zumindest zufrieden. Daher werden wir in diesem Buch keinen Unterschied zwischen dem Glücklich- und Zufriedensein konstruieren, sondern beide Begriffe weitgehend gleichbedeutend verwenden.

Die Philosophen der Antike haben schon ziemlich gut die verschiedenen Wege beschrieben, die zum Glück (»Eudaimonia«) führen. Eudaimonia heißt so viel wie »mit einem guten Geist verbunden« und bedeutet mehr als das Glück, nämlich die richtige Lebensführung. Für Aristippos von Kyrene, der von 435 bis 355 vor Christus lebte, führte der Weg zur Eudaimonia über die Lust. Schmerzen sollte man möglichst vermeiden. Aristippos war ziemlich radikal in dieser Hinsicht, und er gilt als Begründer des Hedonismus, der die Freude und Lust als wichtigstes Ziel des Menschen sieht.

Für Platon, der etwa zur gleichen Zeit in Athen lebte, kamen zur Lust noch zwei weitere Faktoren hinzu, ohne die seiner Auffassung nach Glück nicht möglich ist: Vernunft und Wille. Aus diesen beiden Bestandteilen und dem Begehren setzt sich laut Platon die menschliche Seele zusammen. Und nur wenn diese drei Bestandteile im Gleichgewicht sind, können wir glücklich sein.

Aristoteles wiederum war überzeugt, dass der Mensch sich nur in der Gemeinschaft verwirklichen könne. Glücklich könne nur sein, wer tugendhaft ist und der Polis, dem Staat, dient. Für ihn lag das Glück also nicht in der persönlichen Verwirklichung und der Befriedigung der eigenen Bedürfnisse, sondern in der gesellschaftlichen Aufgabe. Glück entsteht demnach nur durch Handeln, nicht durch Sein.

Epikur war der wichtigste Glücksphilosoph der Antike, und er setzte wie Aristippos auf das Prinzip der Lust, damit das Leben gelingt. Allerdings wollte er nicht, dass der Mensch sich bedingungslos der Lust hingibt, sondern dass er vielmehr versucht, Unlust zu vermeiden. Denn extreme Lust ist Epikur zufolge auch immer mit Unlust gepaart. Wer übermäßig genießt, muss in Kauf nehmen, dass er danach leidet. Daher empfahl Epikur, sich auf die notwendigen Bedürfnisse zu beschränken, bescheiden zu bleiben und den Weg des kleinen Glücks zu wählen. Damit meinte er jedoch nicht, dass man asketisch sein sollte wie Diogenes von Sinope, jener Philosoph, der in einer Tonne lebte. Gelegentlich gut zu essen, um sich eine Freude zu machen, war durchaus in Epikurs Sinne. Er sah es als legitim an, nach dem Glück zu streben.

Die Vertreter der Schule von Stoa lehnten die Lehren Epikurs ab und verstanden Tugend statt Glück als Lebensprinzip. Die Stoa war eine Säulenhalle in Athen. Dort versammelte Zenon, ein Zyprer, seine ersten Schüler um sich. Die Lehren Zenons und seiner Nachfolger wurden zu einer erfolgreichen Lebensphilosophie der Antike – als wichtige Stoiker gelten der Philosoph Seneca und Kaiser Marc Aurel.

Die Stoiker waren davon überzeugt, dass es eine sinnvolle, eine göttliche Ordnung der Welt gibt und dass derjenige glücklich ist, der mit dieser – das heißt im Wesentlichen mit der Natur – im Einklang lebt. Mit dem Christentum kamen Gott und die Religion als wichtige Quellen des Glücks auf. Für den Kirchenvater Augustinus bedeutete Glück, im Einklang mit Gott zu leben. Wer nicht begehrt, kann glücklich werden. Eine ähnliche Auffassung vertrat knapp tausend Jahre später Thomas von Aquin, der auf gute Taten, Tugenden und die Befolgung der Kirchengebote setzte. Für beide war letztlich die Religion notwendig, um glücklich zu werden.

Als die Neuzeit begann, rückte der Mensch wieder in den Mittelpunkt. Die Humanisten orientierten sich an den Philosophen der Antike. Sie gestanden den Menschen zu, in Freiheit zu leben – Menschenwürde und Bildung waren für sie die Grundvoraussetzungen für ein glückliches Leben. Das sahen auch die Philosophen so, etwa René Descartes oder Vertreter der Aufklärung wie David Hume und Immanuel Kant. Allerdings betrachteten sie den Menschen nicht alleine, sondern in der Gemeinschaft. Deren Wohlergehen war für sie wichtiger als das Glück des Einzelnen. Insbesondere Kant war darin sehr streng: Sein Prinzip des Kategorischen Imperativs fordert jeden dazu auf, sich so zu verhalten, dass es der Gesellschaft nützt: »Handle nur nach der Maxime, durch die du zugleich wollen kannst, dass sie allgemeines Gesetz werde.« Glücklich wird man demnach, indem man Regeln befolgt und Gesetze erfüllt. Dahinter steht der Gedanke, dass die Menschen egoistisch sind und nur an ihr eigenes kleines Glück denken. Ein wertvolles, moralisches und eben auch glückliches Leben hieß aber für Kant, die persönlichen Bedürfnisse hintanzustellen.

Bei den Aufklärern finden wir also das tugendhafte und soziale Verhalten wieder, das uns glücklich macht. Ganz anders dachten die einflussreichen deutschen Philosophen des 19. Jahrhunderts, Schopenhauer und Nietzsche. Arthur Schopenhauer sah sich zwar als Schüler Kants, aber für ihn gab es kein glückliches Leben – das Glück finde man nur im Tod. Friedrich Nietzsche dagegen glaubte, dass jeder Mensch für sich glücklich sein kann und muss. Jeder nach seiner Fasson, allgemeine Regeln gibt es demnach nicht.

Über zwei Jahrtausende hinweg haben Philosophen also seziert, was uns glücklich macht – von der Askese über das Streben nach Lust bis hin zu tugendhaftem und sozialem Verhalten. Tatsächlich gibt es viele Wege zum Glück. Manche Menschen entdecken es in der Einsamkeit als Einsiedler. Andere sind glücklich, wenn sie helfen können, und finden ihre Erfüllung in sozialen Aufgaben. Wiederum andere folgen eher dem persönlichen Lustprinzip. Welcher Weg für uns am ehesten taugt, das hängt weitgehend von unserer Persönlichkeit und Erziehung und natürlich auch von den Lebensumständen ab. Aber Persönlichkeit, Gewohnheiten und Verhalten sind gewissermaßen im Muster der Nervennetze festgeschrieben. Letztlich entscheidet also, wie wir später sehen werden, unser Gehirn darüber, wie wir uns verhalten müssen, damit wir glücklich sind.

Was Wohlstand bewirkt

Nicht nur Philosophen, auch Politiker haben sich immer wieder mit dem Thema Glück beschäftigt, insbesondere damit, welche Rolle der Staat einnehmen sollte, wenn es um das Glück seiner Bürger geht. Muss der Staat sich darum kümmern, dass seine Bürger glücklich oder zumindest zufrieden sind? Ende des 18. Jahrhunderts fing diese Idee an, sich durchzusetzen. 1776 schrieb der dritte amerikanische Präsident Thomas Jefferson den »pursuit of happiness«, die Suche nach dem Glück, in die amerikanische Unabhängigkeitserklärung: »Folgende Wahrheiten erachten wir als selbstverständlich: dass alle Menschen gleich geschaffen sind; dass sie von ihrem Schöpfer mit gewissen unveräußerlichen Rechten ausgestattet sind; dass dazu Leben, Freiheit und das Streben nach Glück gehören.« Allerdings bedeutete *happiness* damals nicht die private Lusterfüllung, sondern Wohlstand und Wohlbefinden, heute würde man auch Lebensqualität sagen.

Die französischen Revolutionäre ließen sich davon inspirieren. In Artikel 1 der Verfassung der jungen Republik stand, dass das Ziel der Gesellschaft das Glück aller sei. Der Staat übernimmt jetzt die Rolle der Kirche, die sich bis zur Revolution für das Glück – durch die Religion natürlich – verantwortlich gefühlt hatte. Man strebte nun nicht mehr nach Glück durch Spiritualität, sondern durch mehr Wohlstand.

Mehr Wohlstand, das bedeutete bis vor Kurzem vor allem materielle Werte. Nach dem Zweiten Weltkrieg setzten die Regierungen der Industrienationen auf Wirtschaftswachstum, um materielle Bedürfnisse zu befriedigen. Autos, Waschmaschinen, Urlaubsreisen. Drei Jahrzehnte lang, bis etwa Mitte der 70er-Jahre des vergangenen Jahrhunderts, hat das auch kaum jemand infrage gestellt. Dann tauchten erste Zweifel auf, denn Wohlstand für alle verbraucht Ressourcen und schädigt die Umwelt. Immer mehr Menschen legten Wert auf sauberes Trinkwasser, reine Luft und Böden ohne Pestizide. Zur Lebensqualität gehört auch eine möglichst intakte Natur.

Man musste feststellen, dass materieller Wohlstand eben nicht alles ist. Geld macht nicht glücklich, sagt eine Redewendung und man könnte vermuten, dass sie erfunden wurde, um Menschen zu trösten, die arm sind. Aber tatsächlich ist etwas an der Weisheit dran. Ein höheres Gehalt und mehr Wohlstand ganz allgemein machen die Menschen nicht in dem Maße glücklicher, wie man vermuten könnte. Psychologen nennen diesen Effekt auch das »Easterlin-Paradox«, benannt nach dem US-Ökonomen Richard Easterlin. Dieser hatte ein paar Dutzend Umfragen aus verschiedenen Ländern über Jahrzehnte hinweg miteinander verglichen und beobachtet, dass der Zusammenhang zwischen subjektivem Glück und Einkommen eher schwach ist. Menschen, die reich waren, fühlten sich tendenziell nicht glücklicher als die mit weniger Geld. Außerdem stellte Easterlin fest, dass die Bewohner der USA seit dem Zweiten Weltkrieg bis zu den 1970er-Jahren nicht glücklicher geworden waren, obwohl ihre Einkommen gestiegen waren. Wohlstand, folgerte Easterlin, führt nicht zu mehr Glück, zumindest nicht, wenn die Menschen bereits einen bestimmten Lebensstandard erreicht haben. Zufriedenheit hängt für die meisten Menschen außerdem davon ab, wie groß das Auto ihrer Nachbarn ist oder wie oft die Kollegen sich eine Urlaubsreise leisten können. Wir vergleichen uns gerne mit anderen. Wenn Menschen in unserer Umgebung mehr besitzen als wir, verringert das unser Glück. Interessanterweise gilt dieser Zusammenhang auch in umgekehrter Richtung: Das wahrgenommene Glück nimmt ab, wenn die Mitmenschen sehr viel ärmer sind. Tatsächlich gilt das auch für ein Land insgesamt, wie britische Gesundheitswissenschaftler festgestellt haben. Wenn die Einkommensunterschiede groß sind, wachsen die sozialen Probleme: Kriminalität, Fettleibigkeit, niedriger Bildungsstand, psychische Probleme und Suchtpotenzial sind dann verbreitet – und zwar unabhängig davon, ob das Bruttoinlandsprodukt hoch ist oder nicht. Der Reichtum pro Kopf schützt also nicht vor sozialen Problemen, wie die insgesamt wohlhabenden USA oder Großbritannien zeigen. In beiden Ländern klafft die Schere zwischen den Ärmsten und den Reichsten am weitesten auseinander. Sie haben unter den reichen Industrieländern der westlichen Welt den höchsten sogenannten Gini-Index, ein Maß für die ungleiche Verteilung von Einkommen. Tatsächlich fühlen sich die Menschen in Großbritannien und den USA weitaus weniger glücklich als in anderen Industrienationen mit ähnlichem Wohlstand.

Insgesamt sollte man internationale Glücksvergleiche jedoch mit Vorsicht genießen. Denn die Frage »Wie glücklich sind Sie?« werden Menschen unterschiedlicher Kulturen und Religionen unterschiedlich beantworten. Das könnte auch erklären, warum eine internationale Umfrage der London School of Economics von 1998 Kopfschütteln ausgelöst hat: Ausgerechnet die vergleichsweise bettelarmen Einwohner von Bangladesch führten die Rangliste der glücklichsten Länder an. Zusammen mit Aserbaidschan, Nigeria, den Philippinen und Indien. Die Industrienationen Großbritannien, Frankreich, Deutschland und die USA landeten auf mittleren Plätzen zwischen 32 und 46. Briten, Franzosen, Deutsche und Amerikaner hielten sich also für vergleichsweise weniger glücklich als die Bewohner Bangladeschs oder Nigerias. Glück ist eben nicht nur individuell, sondern auch kulturell unterschiedlich. Es sieht ganz danach aus, als ob die Bürger mancher armer Länder mit weitaus weniger Wohlstand zufriedener sind als die reicher Regionen. Möglicherweise hängt das mit Kultur und Religion zusammen.

Religion, konkret der Buddhismus, spielt in Bhutan jedenfalls eine wichtige Rolle. Und Bhutan muss im Zusammenhang mit Glück erwähnt werden, denn das kleine abgelegene und abgeschottete Königreich im Himalaja hat als erstes Land überhaupt das Glück seiner Bürger explizit zum Thema gemacht. Diese sind sehr arm, und Bhutan ist eines der ärmsten Länder der Welt. Daraus hat der König eine Tugend gemacht und 1979 den Begriff »Bruttonationalglück« erfunden. Damit wollte er zum Ausdruck bringen, dass sein Land nicht so sehr auf den wirtschaftlichen, als Bruttosozialprodukt gemessenen Wohlstand setzt, sondern auf die spirituellen, vom Buddhismus inspirierten Werte. Seit 2008 wacht eine staatliche Kommission über das landesweite Glück. Um das zu steigern, setzt die Regierung auf ein sozial gerechtes und nachhaltiges Wirtschaftswachstum, Umweltschutz, kulturelle Werte und eine transparente Verwaltung. Das Beispiel Bhutan macht Schule. Seit 2013 wird immer am 20. März der Weltglückstag begangen. Ausgerufen haben ihn die Vereinten Nationen auf Anregung von Bhutan, das damals eine Resolution bei den UN eingebracht hat. Darin drängte das Land darauf, Wohlstand ganzheitlich zu sehen. Seitdem geben die Vereinten Nationen jedes Jahr den *World Happiness Report* heraus, der 150 Länder vergleicht.

Die Daten, die dem Weltglücksbericht zugrunde liegen, sind eine Mischung aus klassischen Wirtschaftsdaten und Befragungen zur Lebensqualität der Menschen: In den Glücksindex gehen das Pro-Kopf-Einkommen, die Lebenserwartung und die Qualität der Sozialsysteme ein, etwa wie hoch die Renten im Vergleich zu den Einkommen ausfallen und wie gut die Gesundheitsversorgung ist. Befragt werden die Bürger, welche Wahlmöglichkeiten sie haben, beispielsweise wie gut der Zugang zu höherer Bildung ist. Außerdem wird ermittelt, wie stark die Menschen Korruption wahrnehmen. Überraschenderweise spielt die Umwelt keine Rolle für die Glücksmessung der Vereinten Nationen. Anders als in Bhutan, wo man Wert auf Nachhaltigkeit legt, wirken sich saubere Luft oder Trinkwasser aus der Leitung bisher nicht auf den Glücksindex aus.

Den ersten Platz beim Weltglücksreport belegt traditionell Dänemark, ein Land, das in letzter Zeit von sich reden macht mit *hygge*, dem nationalen Lebensgefühl. *Hygge* steht für Gemütlichkeit und Wohlbefinden und ist gewissermaßen das kleine Glück des Alltags: der Nachmittagsspaziergang im Sonnenschein, die Kaschmirdecke auf den Knien, der Cappuccino am Samstagmorgen mit Freunden.

Als fast genauso glücklich wie die Dänen gelten die Schweizer. In der Spitzengruppe befinden sich außerdem Island, Finnland und Norwegen. Deutschland war 2016 auf Platz 16, und das offiziell nach Glück strebende Bhutan musste sich mit Platz 84 begnügen. Ganz unten rangierten Burundi, Afghanistan, Syrien und Togo.

Kriege und Korruption führen dazu, dass Menschen sich unsicher fühlen und entsprechend weniger glücklich sind. Das ist nicht überraschend, denn generell weiß man, dass das Glücksempfinden in demokratischen Ländern höher ist als dort, wo Bürger keine Mitsprache haben. Die Formel »Mehr Demokratie gleich mehr Zufriedenheit« haben Wirtschaftsforscher belegt, und zwar anhand der Schweiz. Dort sind die Einflussmöglichkeiten in den verschiedenen Kantonen sehr unterschiedlich: Traditionell können die Bürger in den deutschsprachigen Kantonen weitaus häufiger mitentscheiden als in den französischsprachigen. Tatsächlich sind die Menschen in der Deutschschweiz zufriedener als in Genf, Lausanne oder Fribourg.

Auch innerhalb Deutschlands unterscheidet sich das Glücksempfinden. Seit 2011 gibt die Deutsche Post jedes Jahr einen nationalen Glücksatlas heraus. Demnach ist insgesamt die Lebenszufriedenheit hierzulande zuletzt spürbar angestiegen. Die Menschen in

Deutschland bewerten ihre allgemeine Lebenszufriedenheit 2016 im Durchschnitt mit 7,11 Punkten und
damit um 0,09 Punkte höher als noch im vergangenen Jahr (7,02 Punkte). In den Jahren davor war die
Lebenszufriedenheit ziemlich konstant um den Wert 7
gependelt.

Dabei unterscheiden sich die Zahlen zwischen Ost
und West. Traditionell schätzen sich die Westdeutschen als glücklicher ein als die Ostdeutschen. Allerdings ist der Abstand in den vergangenen Jahren
geschrumpft, die Ostdeutschen haben beim Glücksniveau aufgeholt und der Unterschied beträgt nur noch
0,28 Punkte. Die Autoren des Glücksatlas führen das
vor allem darauf zurück, dass es wieder mehr Jobs in
den neuen Bundesländern gibt. Übrigens liegt Schleswig-Holstein mit 7,4 Punkten traditionell vorne. Gut
schneidet auch Franken ab (Bayern wird in Nord und
Süd unterteilt) sowie Niedersachsen. Schlusslichter
sind Mecklenburg-Vorpommern, Sachsen-Anhalt und
Brandenburg.

Unter dem Strich kann eine Regierung also einiges
tun, um ihre Bürger zufriedener zu machen: Sie kann
dafür sorgen, dass viele Menschen einen Job haben –
das nämlich macht glücklicher, als Sozialhilfe zu beziehen, auch wenn das Gehalt nicht viel höher ist. Wie
gezeigt, tragen auch große Einkommensunterschiede
nicht zum nationalen Glück bei. Die abartig hohen
Gehälter mancher Manager schlagen vielen Menschen
aufs Gemüt. Wenn Bosse 10 Millionen Euro und mehr
im Jahr verdienen, und das möglicherweise noch in
Firmen wie VW, die durch schlechtes Management
Milliardenverluste erleiden, oder in Banken, die nur

durch staatliche Hilfen überleben, dann empfinden
das Menschen als ungerecht. Das macht sie ebenso
unglücklich, wie es sie unzufrieden macht, wenn sie
keine guten Ärzte haben oder sich eine Operation
nicht leisten können. Eine Regierung setzt auch die
Zufriedenheit der Bevölkerung aufs Spiel, wenn Po-
lizisten korrupt sind. In Ghana etwa kassieren die
Grenzpolizisten bei allen ab, die ins Land einreisen
oder wieder ausreisen wollen, ob die benachbarten
Togolesen oder die Ghanaer selbst. Westliche Touris-
ten werden noch mal besonders ausgenommen. Es
werden Straßensperren errichtet, an denen man Stra-
ßenzölle zahlen muss – das macht schlechte Laune.

Gene des Glücks

Glück entsteht also durch die allgemeinen Lebensumstände, die Einzelne wenig beeinflussen können, außer
indirekt, indem sie Politiker wählen, die Reformen
versprechen. Glück entsteht aber auch, indem wir den
richtigen Partner wählen oder im Beruf interessante
Aufgaben haben. Viele Menschen sind glücklich, weil
sie Kinder haben. Andere finden ihre Erfüllung in der
Religion. Manche brauchen Sport, um Glücksgefühle
zu empfinden. Das alles sind individuelle Glücksfak-
toren, die wir wählen können.

Aber haben wir wirklich die Wahl? Manche Menschen scheinen von Grund auf zufriedener zu sein als
andere. Schon bei Neugeborenen erkennt man den
Unterschied: Es gibt Babys, denen man ständig eine

Rassel hinhalten oder die man herumtragen muss, als ob ihr Gehirn nach immer neuen Reizen verlangt. Andere liegen stundenlang in ihrem Bett, ohne zu schreien. Wie leicht wir zufrieden oder glücklich sind, muss also auch von unseren Genen abhängen. Das eine Glücksgen gibt es nicht, aber viele Gene bestimmen, wie leicht wir Freude empfinden oder ob wir uns viele Sorgen machen und eher schwermütig durchs Leben gehen.

Etwa die Hälfte unserer Glücksfähigkeit ist im Erbgut festgeschrieben, sagt Sonja Lyubomirsky, Psychologin an der University of California. Also 50 Prozent. Die Lebensumstände – etwa wie gut die Schulen sind oder wie zuverlässig die Polizei ist – machen 10 Prozent aus. Das eigene Handeln bestimmt weitere 40 Prozent. Dass die Hälfte des Glückspotenzials in den Genen steckt, ist wenig überraschend. Abgesehen von ein paar Merkmalen wie der Augenfarbe und einigen wenigen genetischen Krankheiten sind unser Körper und Geist zur Hälfte durch das Erbgut bestimmt und zur anderen Hälfte durch die Umwelt. Andere Studien sehen allerdings bezüglich der Fähigkeit, Glück zu verspüren, einen geringeren genetischen Anteil. So hat ein internationales Forscherteam aus London, Harvard und Kalifornien anhand von Zwillingsstudien festgestellt, dass unser Erbgut etwa ein gutes Drittel der Schwankungen im Glücksempfinden von Individuen ausmacht.

Doch egal wie groß genau der genetische Anteil am Glück ist, fest steht: Unsere Gene legen zum Beispiel fest, welche Mengen an bestimmten Botenstoffen im Gehirn produziert werden. Das wiederum wirkt sich darauf aus, wie gut oder schlecht unser Gehirn Nervenreize verarbeitet und weiterleitet. Oder wie empfindlich das Belohnungssystem im Gehirn auf Reize reagiert und wie schnell sie zufriedenzustellen sind. Diese Eigenschaften tragen auch dazu bei, wie schnell wir zufrieden oder glücklich sind, wie wir noch sehen werden. Daran können wir wenig ändern. Wir können aber unsere eigene Umgebung bis zu einem gewissen Grad gestalten, wir können Entscheidungen treffen und Dinge tun, die uns glücklich machen.

Zum Beispiel Sport: Wer körperlich fit ist, wird gerne eine Runde laufen gehen. Es strengt ein wenig an, aber das Vergnügen, die sechs oder sieben Kilometer geschafft zu haben, überwiegt. Beim nächsten Mal schafft man dann acht Kilometer und auch das macht noch Spaß. Marathonläufer berichten sogar von einem besonderen Kick, einem Hochgefühl, das sie nach 20 oder 30 Kilometern verspüren.

Aber auch beispielsweise starke emotionale Bindungen können uns glücklich machen. Das können die Eltern sein, Geschwister, Partner oder Freunde. Ein Team von US-Forschern um den Psychiater George Vaillant von der Harvard Medical School hat 268 Männer 75 Jahre lang in einer Langzeitstudie beobachtet. Die Männer hatten alle ihren College-Abschluss in den 1940er-Jahren gemacht. Sie wurden alle zwei Jahre nach ihrem Job, ihren sozialen Beziehungen, ihrem Leben befragt. Jene, die in ihrer Kindheit eine starke Bindung zu ihren Eltern hatten, litten als Erwachsene seltener unter Angststörungen und waren vor allem im Alter zufriedener mit ihrem Leben.

Generell wirken sich gute Beziehungen positiv auf die Zufriedenheit im Leben aus. George Vaillant fasste einmal zusammen, dass seine Studie zeige, »dass Glück gleich Liebe sei. Punkt.«

Ein weiteres Beispiel sind Kinder: Fast jede Mutter oder jeder Vater würde betonen, dass sie glücklich machen. In letzter Zeit allerdings haben sich Frauen zu Wort gemeldet, die offen bereuen, Kinder bekommen zu haben. Unter dem Stichwort »Regretting Motherhood« haben sie ihre Gründe genannt: Die Anstrengung von Geburt und den ersten Monaten, wenn Babys viel schreien, Streit mit dem Partner darüber, wer sich kümmert, Nachteile im Job. Tatsächlich sind Psychologen schon länger skeptisch, ob Menschen mit Kindern zufriedener sind als Kinderlose. Zwar haben viele Studien einen Zusammenhang zwischen Kindern und Glück gezeigt – vor allem in den USA. Aber es gibt Gegenden, etwa Portugal oder sogar Skandinavien, wo das Pendel in die andere Richtung ausschlägt. Manche Umfragen zeigen, dass gerade bei jungen Eltern die Zufriedenheit mit jedem Kind abnimmt, dass allerdings Menschen im mittleren Alter, die mehrere Kinder haben, glücklicher sind.

Eltern neigen dazu, ihr Leben mehr zu schätzen, schreibt der Wirtschaftswissenschaftler von der Princeton Universität und Nobelpreisträger Angus Deaton. Aber Eltern in Industrienationen seien auch in der Regel wohlhabender, besser ausgebildet, gesünder. Wenn man diese Faktoren berücksichtige, schmelze der Unterschied in der Lebenszufriedenheit dahin. Menschen mit Kindern haben sich meistens – zumindest in industrialisierten Ländern – dafür entschieden, sie wollten Nachwuchs. Daher sind sie auch zufrieden mit ihrer Entscheidung. Das gilt für die anderen ebenso, zumindest wenn sie sich bewusst gegen Kinder entschieden haben.

Die Psychologin Sonja Lyubomirsky verficht ebenfalls die These, dass Kinder glücklich machen. Zwar zeigten Studien auch das Gegenteil, gibt sie zu, aber es komme eben sehr darauf an, zu welchem Zeitpunkt im Leben man Menschen befrage. Ältere, die nicht mehr Windeln wechseln oder sich mit rotzfrechen pubertierenden Jugendlichen herumschlagen müssen, profitieren in der Regel von ihren Kindern, weil die sich um sie kümmern. Die Wahrscheinlichkeit, dass man mit Kindern tiefes Glück und Zufriedenheit erlebe, sei höher, als dass man enttäuscht werde oder an einem gebrochenen Herzen leide – so wie bei Partnerschaften auch die Wahrscheinlichkeit eines positiven Effektes überwiege. Die Glücksforschung könne gar nicht die tiefen und starken Bindungen bewerten, die durch Partner und Kinder entstehen, betont Lyubomirsky.

Wie ist es beim Thema Einkommen? Man nimmt leichthin an, dass mehr Gehalt auch automatisch mehr Glück bedeutet. Forscher kommen hierbei zu unterschiedlichen Ergebnissen. Professoren der Universität von Michigan in den USA haben kürzlich Daten von 155 Ländern zusammengetragen und festgestellt, dass Reichere immer glücklicher sind als Ärmere. Das Ergebnis widerspricht einer anderen Studie, wonach das Glück ab einem bestimmten Einkommen nicht mehr zunimmt. Wissenschaftler der Princeton Universität haben herausgefunden, dass US-Bürger ab

75 000 Dollar Jahresgehalt ihr Glücksniveau nicht mehr steigern können – zumindest nicht mit noch mehr Gehalt. Eine andere Untersuchung von 13 Staaten sieht diese Grenze bei umgerechnet etwa 160 000 Dollar.

Aber wie bereits an früherer Stelle in diesem Kapitel thematisiert, ist es möglicherweise gar nicht das absolute Einkommen, das entscheidend ist, sondern das relative. Wie erwähnt, hat der Psychologe Richard Easterlin in den 1970er-Jahren ebenfalls die Daten von Ländern verglichen. Er fand heraus, dass es wichtiger ist, was andere verdienen, als was man selbst verdient. Reichere Länder haben, so Easterlin, gar nicht glücklichere Bewohner als ärmere. Allerdings sind innerhalb eines Landes die Reichen glücklicher als die Armen. Das heißt, wenn ich in Deutschland, wo das durchschnittliche Jahreseinkommen etwa 40 000 Euro brutto beträgt, 60 000 Euro verdiene, dann bin ich wahrscheinlich zufrieden. In Luxemburg wäre ich mit dem Gehalt weniger zufrieden, da es nur durchschnittlich wäre. Auch die Diskussion um Manager, die zweistellige Millionenbeträge verdienen, zeigt, dass es vielen Menschen um ein halbwegs gerechtes Verhältnis von Gehältern geht und weniger um die absolute Summe. Wenn der Chef mehr als das Zwanzigfache seiner Facharbeiter verdient, dann empfinden wir das als maßlos und es macht uns unzufrieden.

Eine wichtige Rolle spielt auch, wofür man sein Geld ausgibt. Geld für andere zu spenden mache glücklicher, als sich ein schönes Auto oder eine Kreuzfahrt zu gönnen. Das setzt natürlich voraus, dass man genug Geld hat, um seine Grundbedürfnisse zu befriedigen. Aber dann trägt Großzügigkeit zum Glück bei, wie eine Forschergruppe aus Deutschland und der Schweiz vor Kurzem in einem Experiment nachgewiesen hat. Wir empfinden ein warmes Gefühl der Zufriedenheit, wenn wir anderen Menschen etwas geben, fassen die Wissenschaftler das Ergebnis ihrer Studie in der Fachzeitschrift *Nature Communications* zusammmen. Dieses Gefühl könnte durch großzügiges Verhalten entstehen. In dem Versuch bekamen die Probanden Geld. Ein Teil der Versuchspersonen sollte sich damit selbst etwas Gutes tun, die restlichen sollten andere Menschen zum Essen einladen, ihnen ein Geschenk kaufen oder das Geld spenden. Sie durften selber entscheiden, wie viel ihres Budgets sie für andere ausgeben. Während dieser Entscheidung machten die Forscher eine Kernspinaufnahme des Gehirns. Außerdem wurden die Versuchspersonen vorher und nachher gefragt, wie glücklich sie sich fühlten. Je großzügiger die Probanden waren, umso glücklicher fühlten sie sich. Zudem war bei denen, die anderen eine Freude machten, eine Region zwischen dem Schläfen- und dem Scheitellappen des Gehirns aktiver als normal. Dieser sogenannte temporoparietale Übergang wird mit sozialem, altruistischem Verhalten in Zusammenhang gebracht. Auch die Verbindungen zum Belohnungssystem, von dem noch die Rede sein wird, waren aktiver. Das könnte erklären, warum wir Großzügigkeit als belohnend empfinden und sie uns selbst glücklich macht.

Auch Ausgaben für Reisen oder Kino machen glücklicher als ein neues Auto oder ein schickes Kleid, wie Studien zeigen. An diese Konsumartikel gewöhnt man sich schneller. Erlebnisse dagegen sind zwar irgendwann vorbei, aber sie schaffen eine Erinnerung, von der man längere Zeit zehrt als vom bloßen Konsum.

Viele Studien beschäftigen sich auch mit der Frage, inwieweit Religion zum Glücksempfinden beiträgt, und sind hier auf unmittelbare Zusammenhänge gestoßen. So haben Mitglieder einer Kirche ein geringeres Risiko, an einer Depression zu erkranken, als Nichtgläubige. Auch Drogenkonsum und Selbstmordversuche sind bei den Gläubigen weniger verbreitet. Eine Metaanalyse von brasilianischen Forschern, die ein paar Dutzend Studien zusammengefasst haben, kommt zu dem Schluss: Je religiöser Menschen sind, umso stärker ausgeprägt ist ihre Lebenszufriedenheit und umso seltener kommen bei ihnen Depressionen, Selbstmordgedanken und Drogenmissbrauch vor. Ob allerdings tatsächlich der Glaube die Ursache für gute Gefühle ist, ist unklar. Möglicherweise sind es die sozialen Kontakte, die man in seiner Kirche pflegt. Man trifft Gleichgesinnte, führt Gespräche, häufig gibt es ein aktives Gemeindeleben mit gemeinsamen Feiern und Ausflügen. Religiöse Menschen engagieren sich oft auch freiwillig, in Krankenhäusern oder Altersheimen. Und sie glauben, dass das Leben einen Sinn hat und dass es nach dem Tod weitergeht. Natürlich leiden auch viele Menschen unter der Religion und den oft rigiden Vorschriften mancher Glaubensformen. Aber in der Summe wirkt sich der Glaube eher positiv als negativ auf das Lebensgefühl aus.

Insgesamt ähnelt also der Effekt der Religion in vielem der Positiven Psychologie, die das Selbstwertgefühl, die Tugenden und die positiven Emotionen des

Menschen in den Mittelpunkt stellt. Statt Defizite wie Depressionen, Sucht oder Angst zu erforschen, fragt die Positive Psychologie, was den Menschen stärkt und wie er zufriedener und glücklicher wird.

Die Positive Psychologie ist ein Begriff, den der US-Forscher Abraham Maslow 1954 als Erster verwendet hat. Später ist er in Vergessenheit geraten, bis in den 1990er-Jahren der amerikanische Psychologe Martin Seligman ihn wiederentdeckte. Seligman hat die Abkürzung PERMA geprägt, die Summe der wichtigsten Faktoren, die Menschen glücklich macht: P steht für *Pleasure*, also Vergnügen oder Freude durch gutes Essen, ein warmes Bad oder Sex. E für *Engagement* bedeutet, dass man sich Aufgaben hundertprozentig widmet: Wer sich in ein Buch vertieft oder Klavier übt, ohne an etwas anderes zu denken, empfindet häufig Glück. Diese Art von selbstvergessenem Glück wird auch als »Flow« bezeichnet. R steht für *Relationships* oder Beziehungen. Wer verlässliche Partner hat, Freundschaften pflegt und ein gutes Verhältnis zu seiner Familie hat, ist höchstwahrscheinlich glücklicher. Mit *Meaning* ist gemeint, dass man dem Leben Bedeutung zumisst, dass man einen tieferen Sinn im Leben sieht. Wie bereits gezeigt, ist das häufig bei religiösen Menschen der Fall. Und schließlich das A für *Accomplishments*: Man hat Ziele erreicht, Aufgaben gelöst. Auch das trägt zum Glück bei.

In Deutschland haben die Begriffe Tugend oder Charakterstärke für viele Menschen einen leicht verstaubten, negativen Touch. Man denkt schnell an die rigiden Preußen, die Wert auf Pünktlichkeit, Höflichkeit und Verlässlichkeit gelegt haben. Im Zusammenhang mit der Positiven Psychologie spielen in den USA und allgemein im angelsächsischen Raum dagegen Tugenden *(virtues)* eine wichtige Rolle. Seligman unterscheidet sechs Tugenden, die seiner Theorie nach allesamt das Zeug dazu haben, Wohlbefinden und Glück zu steigern.

Das sind zunächst einmal kognitive Stärken, also Eigenschaften wie Kreativität und Neugier, Aufgeschlossenheit und die Freude am Lernen. Sie führen dazu, dass wir unsere Umgebung besser erkennen und uns selber weiterentwickeln. Zweitens helfen uns emotionale Stärken wie Tapferkeit oder Beharrlichkeit, um auch in schwierigen Lebenslagen nicht aufzugeben. Wichtig ist drittens auch die Menschlichkeit. Zu dieser Tugend zählt Seligman Freundlichkeit und ganz allgemein soziale Intelligenz, sowie die Fähigkeit zu lieben, ohne die wir keine guten Beziehungen aufbauen können, welche ganz wichtig für das persönliche Glück sind. Die vierte Tugend ist Gerechtigkeit, also soziale Verantwortung und Fairness, die ebenfalls hilfreich sind im Umgang mit anderen Menschen. Wenn wir fünftens auch vergeben und Mitleid empfinden können, demütig und bescheiden sind, dann sind wir ausgeglichener. Diese Charaktereigenschaften fasst Martin Seligman unter dem Begriff Mäßigung zusammen.

Wichtig für das Glück sind schließlich auch spirituelle Stärken wie Wertschätzung von Schönheit: Wer sich an der Schönheit der Natur erfreut, empfindet dadurch Glücksmomente. Dankbarkeit – auch für die kleinen Dinge im Leben – und Humor sind hilfreich, um sich wohlzufühlen und schwierige Situationen zu meistern.

Vielleicht haben Sie es schon bemerkt: Vieles an der zurzeit sehr angesagten Positiven Psychologie sind Gedanken, die bereits in der Antike verbreitet waren. Wie in diesem Kapitel geschildert, haben insbesondere die Stoiker betont, wie wichtig Tugenden sind, und haben eine Philosophieschule rund um die Gelassenheit entwickelt.

Im Wesentlichen geht es beim Stoizismus darum, uns nicht von dem, was wir nicht im Griff haben, beeinflussen oder beunruhigen zu lassen. Statt zu versuchen, die Welt zu ändern, sollten wir uns erst selbst ändern. Letztlich bedeutet das, unsere Gefühle von den äußeren Umständen zu trennen und uns nicht gleich über alles aufzuregen.»Es sind nicht die Dinge selbst, die uns beunruhigen, sondern die Vorstellungen und Meinungen von den Dingen«, hat der Stoiker Epiktet geschrieben.

Die Stoiker haben erkannt, dass wir dazu neigen, das, was wir haben, nicht wertzuschätzen. Ob einen langjährigen Partner oder die Tatsache, dass wir gesund sind – wir sehen es gerne als selbstverständlich an. Diesem Trend muss man etwas entgegenhalten, meinten bereits die Stoiker, etwa durch die Methode, dass man sich schlimme Dinge vorstellt und so durch Gelassenheit die Katastrophe vorwegnimmt.

Die Idee der sogenannten negativen Visualisierung ist einfach und sie klingt etwas paradox, aber sie funktioniert: Man sollte etwa zehn Minuten am Tag darauf verwenden, an Dinge zu denken, die schiefgehen könnten. Zum Beispiel könnte ich an Krebs erkranken oder durch einen Unfall ein Bein verlieren. Durch diese Vorstellungen wird mir bewusst, wie gut es mir geht und wie dankbar ich für mein Leben sein kann. Oder wenn wir uns zum Beispiel klarmachen, dass alle Menschen sterblich sind, werden wir den Tod eines Freundes eher ertragen, als wenn wir in tiefer Trauer versinken, sagen die Stoiker. Stoizismus ist also eine Art emotionales Training, das die Gelassenheit und auch die Dankbarkeit für das Leben fördert. Ein emotionales Training, das funktioniert, indem es unser Gehirn verändert.

Wir haben in diesem Kapitel gesehen, dass es viele verschiedene Wege zum Glück gibt. Aber immer ist es am Ende das Gehirn, das entscheidet, was jeder Einzelne braucht, um glücklich und zufrieden zu sein. Es ist also an der Zeit, einen genaueren Blick auf die Schaltkreise im Kopf zu werfen. Wie das Gehirn aufgebaut ist und wie es arbeitet, darum geht es im nächsten Kapitel.

Auf einen Blick

- Schon in der Antike haben sich Philosophen mit der Suche nach dem Glück (»Eudaimonia«) beschäftigt. Während die Hedonisten die individuelle Freude und Lust als wichtigste Ziele des Menschen sahen, betonte Aristoteles die Tugenden und den Dienst an der Gemeinschaft. Für die Stoiker führte der Weg zum Glück über emotionale Selbstbeherrschung.

- Mit zunehmendem Wohlstand sind materielle Güter in den Mittelpunkt der Glücksforschung gerückt. Doch Ökonomen betonen, dass Geld allein nicht glücklich macht. Das »Easterlin-Paradox« besagt, dass der Zusammenhang zwischen subjektivem Glück und Einkommen nicht sehr ausgeprägt ist. Eine wichtige Rolle spielt aber der Vergleich mit anderen, also der relative Wohlstand.

• Bei internationalen Glücksvergleichen schneiden friedliche, wohlhabende Länder wie die skandinavischen oder die Schweiz am besten ab. Dort fühlen sich die Menschen am glücklichsten.

2 Warum Gefühle im Gehirn entstehen

Im Märchen hatte sich der eiserne Heinrich drei Metallbänder um sein Herz gelegt, damit es vor Trauer nicht zerbricht. Als sein Herr endlich wieder vom Frosch zum Prinzen zurückverwandelt ist und die Prinzessin in sein Reich führt, zerspringen die Eisenbande, die Heinrichs Herz zusammengehalten haben – vor Glück.

Das Herz zerspringt oder hüpft vor Glück, heißt es oft. Es kann aber auch vor Trauer zerbrechen. Große Gefühle verbindet man gerne mit dem Herzen. Sie ist an gebrochenem Herzen gestorben, heißt es von der Mutter, die über den Tod eines geliebten Kindes oder Partners nicht hinweggekommen ist. Und wer seine Gefühle gerne zeigt, trägt sein »Herz auf der Zunge«. Das Glück erkennt man nicht mit dem Kopf, sondern mit dem Herzen, sagt ein Sprichwort aus Norwegen. Und so galt das Herz lange Zeit als Sitz der Gefühle. Doch das Herz selbst kann keine Freude, Trauer, Angst oder Wut erzeugen. Zwar gibt es das aus Trauer gebrochene Herz tatsächlich, das sogenannte Broken-Heart-Syndrom, bei dem Menschen nach extremer psychischer Belastung Symptome wie bei einem Herzinfarkt spüren. Aber die Ursache sind massive Mengen an Stresshormonen im Blut, die die Herzwand extrem reizen. Die Stresshormone werden jedoch auf Befehl des Gehirns freigesetzt.

Keine Frage, das Herz ist ein großartiges Organ, das etwa drei Milliarden Mal im Laufe eines Menschenlebens Blut durch den Körper pumpt und uns so am Leben hält. Aber es ist eben nur ein gut trainierter Muskel. Das Gehirn dagegen kann mit seinen fast 100 Milliarden Nervenzellen und schätzungsweise 300 Billionen Kontaktstellen unendlich viel mehr. Ohne Gehirn könnten wir nicht sehen, laufen, sprechen, denken und schon gar nicht fühlen.

Das Gehirn ist eine enorm komplexe Maschine. Maschinen funktionieren häufig elektrisch, mithilfe von Strom bewegen sich bestimmte Teile. Oder es werden wie beim Computer Zahlen mittels Strom erzeugt und verrechnet. Das Gehirn ist aber ein besonderer Computer, er arbeitet sowohl mit Strom – den elektrischen Signalen der Nervenzellen – als auch mit einem ganzen Cocktail von Chemikalien, die überall im Gehirn vorhanden sind und insbesondere an den Billionen von Kontaktstellen zwischen den Nervenzellen wirken. Dieses unvorstellbar komplizierte chemische und elektrische Geflecht ist ständig damit beschäftigt, die Umwelt zu vermessen und daraus zu berechnen, wie wir uns am besten verhalten. Es erzeugt Gedanken und Gefühle – von grenzenloser Liebe bis hin zu maßlosem Hass oder lähmender Trauer. Um zu überleben und um das Leben zu genießen, brauchen wir Gefühle und Eigenschaften wie Widerstandskraft und Selbstvertrauen. Beides entsteht in den neuronalen und chemischen Netzwerken des Gehirns.

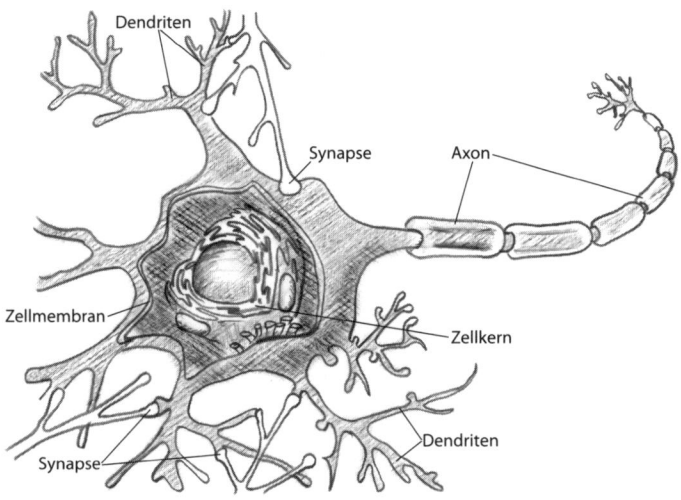

Über die lange Faser, das Axon, sendet die Nervenzelle Signale, über ihre kurzen, buschigen Dendriten empfängt sie die Botschaften anderer Zellen.

Aus circa 100 Milliarden Nervenzellen besteht unser Gehirn und jede einzelne Nervenzelle ist ein kleines Wunderwerk der Evolution. Sie besteht aus einem Zellkörper, der aussieht wie ein etwas verschrumpelter, lang gezogener Ballon, dem die Luft ausgegangen ist. Dieser Zellkörper ist eine Miniaturfabrik, in deren Inneren Proteine hergestellt werden. Das sind Eiweißmoleküle, welche die Zelle braucht, um ihre Arbeit zu machen. So wie die Recheneinheit eines Computers erzeugt die Zelle elektrische Botschaften und verschickt sie an andere Zellen. Die Signalmuster, die dabei entstehen, sind der Code des Gehirns. Mit diesem Code werden alle Gedanken und Gefühle geschrieben.

Die elektrischen Botschaften der Nervenzellen oder Neuronen nennt man Aktionspotenziale. Das sind kurze elektrische Spannungspulse, die bei allen Zellen gleich sind. Die Sprache der Nervenzellen kann man sich ein wenig wie Morsen vorstellen, wobei der Sinn sich aus der Frequenz des Klopfens ergibt. Viele Aktionspotenziale in kurzen Abständen hintereinander sind demnach ein starkes Signal; kommen die elektrischen Pulse in langen Abständen, dann ist das Signal schwach.

Was jetzt folgt, ist etwas Elektrizitätslehre, aber sie ist wichtig, um zu verstehen, wie der Code des Gehirns funktioniert und warum auch Fehler entstehen können, wenn Nervenzellen kommunizieren. Über seine Membran kann ein Neuron eine elektrische Spannung von knapp einem Zehntel Volt erzeugen, das sogenannte Ruhepotenzial. Jedes Neuron ist also wie eine winzige Batterie mit dem Hundertstel der Spannung einer dieser kleinen, rechteckigen 9-Volt-Batterien. Das ist gar nicht so wenig, bedenkt man, dass es im Gehirn hundert Milliarden Neuronen gibt. Zum Glück sind diese nicht hintereinandergeschaltet wie die Lichter einer Weihnachtskette. Ansonsten würde man beim Berühren des Gehirns einen Stromschlag bekommen. Ein solches Phänomen gibt es übrigens im Tierreich: Das Gehirn des Zitteraals besteht zwar nur aus ein paar Tausend Neuronen, diese sind aber so verschaltet, dass der Körper des Aals einen Stromstoß erzeugen kann, der so stark ist, dass er einen Menschen betäubt.

Auch die Membran einer Nervenzelle, also die Hülle des geschrumpften Luftballons, ist ein kleines

Wunderwerk der Evolution. Sie besteht aus einer isolierenden Doppelschicht von Lipidmolekülen, das heißt, sie ähnelt der Haut einer Seifenblase, denn sie ist flüssig und damit äußerst beweglich. In die Membran sind Proteinmoleküle eingebaut, die entweder als Andockstellen für Botenstoffe oder als Kanäle für Ionen dienen. Diese Ionen-Kanäle schleusen Ionen, also geladene Atome, durch die Membran. Kalzium zum Beispiel, Kalium oder Natrium und Chlorid. Das sind die wichtigsten Ionen-Kanäle.

Die Spannung der Nervenmembran entsteht, weil die Umgebung außerhalb der Zellen elektrisch neutral ist, während die Spannung im Inneren minus 70 Millivolt beträgt. Der Grund für diese Spannungsdifferenz liegt darin, dass die Zellmembran positiv geladene Kalium-Ionen ungehindert passieren lässt, während die negativ geladenen Ionen im Zellinneren zurückgehalten werden.

Ein Aktionspotenzial, also das elektrische Signal der Zelle, entsteht immer nur dann, wenn die Ionen-Kanäle ihre Durchlässigkeit ändern. Nimmt die normale Spannung der Zellmembran ein wenig ab, dann öffnen sich die Natrium-Kanäle und die elektrische Spannung der Membran schnellt auf 50 Millivolt – es entsteht also ein Spannungssprung von etwa 120 Millivolt. Das ist das Aktionspotenzial. Dieses wandert durch die Nervenzelle bis zu deren Ende. Wenn die Natrium-Kanäle offen sind, öffnen sich auch die normalerweise geschlossenen Kalium-Kanäle. Kalium-Ionen wandern aus der Zelle hinaus, die Spannung ändert sich und es entsteht das sogenannte Nachpotenzial. Wenn das abgeklungen ist, kehrt die Membran zu ihrem Ruhepotenzial zurück. Dann kann das elektrische Spiel von vorne beginnen und die Zelle ein neues Aktionspotenzial abfeuern.

Diese Ionen-Kanäle sind enorm wichtig. Viele Krankheiten entstehen, weil es Fehler im Erbgut gibt und die Kanäle gewissermaßen verstopft oder ständig geöffnet sind. Als Folge funktioniert das grundlegende Signalsystem in bestimmten Teilen des Nervensystems nicht mehr. Das passiert zum Beispiel bei der Myotonie, einer Form von Muskelschwäche, bei der Menschen unter Lähmungen leiden, weil die Ionen-Kanäle der Nervenzellen in ihren Skelettmuskeln nicht richtig arbeiten. Auch manche Formen von Epilepsie treten auf, weil die Betroffenen eine Veränderung in ihren Genen haben. Diese Mutation bewirkt, dass die Natrium-Kanäle überreagieren und zu viele elektri-

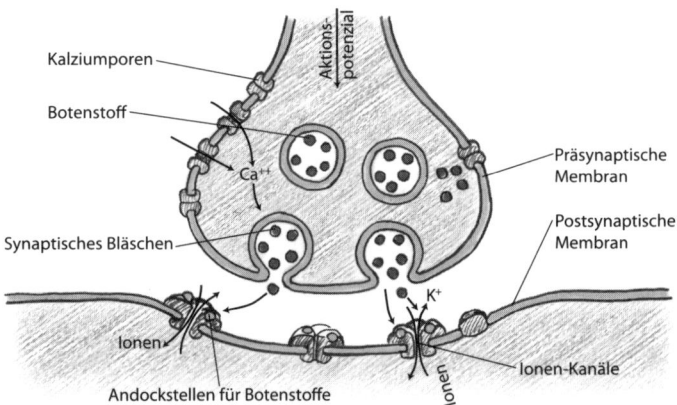

An der Kontaktstelle zwischen zwei Nervenzellen, der Synapse, sorgen Botenstoffe dafür, dass ein elektrisches Signal weitergeleitet wird.

sche Signale von einer Nervenzelle zur nächsten wandern.

Nahrungsmittel können ebenfalls die Arbeit der Ionen-Kanäle stören. Ein eindrucksvolles Beispiel, was passiert, wenn etwa Natrium-Kanäle verstopft sind, ist eine Vergiftung mit Tetrodotoxin. Das Gift kommt im Körper der japanischen Kugelfische vor, die in Fernost als besondere Delikatesse gelten, deren Verzehr allerdings Glückssache ist. Wenn der Fisch nicht richtig zubereitet wird, kann es passieren, dass etwas Tetrodotoxin mit auf den Teller kommt. Innerhalb von Sekunden blockiert das Gift die Natrium-Kanäle und verhindert, dass elektrische Signale weitergeleitet werden. Eine Atemlähmung ist die Folge – und der unweigerliche Tod. Jedes Jahr sterben ein paar Menschen an einer Vergiftung durch den Kugelfisch.

Abgesehen von dem Zellkörper mit den überlebenswichtigen Ionen-Kanälen besitzt ein Neuron eine Art Eingang und Ausgang. Auf der einen Seite gibt es die buschartigen Dendriten. Das sind kurze, verzweigte Fasern, die die Signale anderer Neuronen empfangen. Auf der anderen Seite des Zellkörpers befindet sich eine lange Faser, das Axon. Wenn eine Nervenzelle mit einer anderen kommuniziert, dann empfangen ihre Dendriten die Signale, und ihr Axon sendet seinerseits eine Botschaft aus. Diese Botschaft wird von den Dendriten der anderen Zelle registriert und so entsteht ein ständiges Nervengemurmel.

Um aber überhaupt kommunizieren zu können, müssen die Zellen Kontakte knüpfen. Die Neuronen haben auf ihren Dendriten zahlreiche kleine Knospen sitzen, häufig mehrere Zehntausend. An diese Knospen haften sich die Endstücke der Axone anderer Zellen. Diese Kontaktstellen heißen Synapsen. Das Wort stammt vom griechischen *sunaptein*, was so viel heißt wie sich verbinden.

Wann auch immer unser Nervensystem aktiv ist – ob wir einen Film ansehen, uns mit Freunden unterhalten, einen Berg besteigen oder uns verlieben –, kommunizieren unsere Nervenzellen mithilfe der Synapsen. Allein ein einziges Neuron im Gehirn von Säugetieren kann mehrere Tausend Synapsen besitzen, manche Nervenzellen haben sogar hunderttausend Kontaktstellen. Hochgerechnet auf die 100 Milliarden Zellen macht das schätzungsweise mindestens 100 Billionen Synapsen, eine unfassbar große Zahl. Sie erklärt, warum das Gehirn so unglaublich leistungsfähig ist.

Die Synapsen sind so etwas wie die Schalter des Gehirns. Sie leiten Signale weiter oder bremsen sie ab. Der Clou dabei: Synapsen können ihre Übertragungsstärke verändern. Diese Fähigkeit, sich zu verändern – Fachleute sprechen auch von Plastizität –, ist ganz wesentlich. Denn nur weil Synapsen plastisch sind, kann das Gehirn überhaupt lernen und Informationen speichern.

Wenn eine Zelle der anderen etwas mitteilen will, dann tut sie das in Form des Aktionspotenzials, das entlang des Axons zu dessen verzweigten Enden wandert. Hier trifft das elektrische Signal auf die Kontaktstellen der anderen Neuronen, und damit kommt die Chemie des Gehirns ins Spiel. Das elektrische Signal kann nämlich nicht einfach vom Ende des Axons der einen Zelle zu der Synapse, also dem Kontakt zwischen zwei Zellen, wandern. Zwischen den beiden liegt ein wenn auch nur einige Bruchteile eines tausendstel Millimeters breiter Spalt.

Wie schafft das Aktionspotenzial den Sprung über den Spalt? In die Membran der Synapse sind ähnlich wie bei dem Zellkörper Kanäle eingebaut, durch die elektrisch geladene Atome wandern können. Wenn der elektrische Impuls an der Synapse ankommt, bewirkt er, dass die Kalzium-Kanäle sich öffnen und die positiv geladenen Kalzium-Ionen freigesetzt werden. Damit ändert sich die Spannung der Membran und kleine, mit Chemikalien gefüllte Bläschen öffnen sich. Diese chemischen Botenstoffe, auch Neurotransmitter genannt, können den Zwischenraum überqueren.

Auf der anderen Seite treffen sie auf spezielle Rezeptoren, Moleküle also, an denen sich die Neurotransmitter festhaken können. Das Ganze funktioniert nach dem Schlüssel-Schloss-Prinzip. Wenn mehrere Botenmoleküle das richtige Schloss gefunden haben, öffnen sich die Natrium-Kanäle und es ändert sich die elektrische Spannung der Membran. Das Neuron, dessen Dendriten den Kontakt auf der anderen Seite der Synapse bilden, kann dann wieder einen Impuls feuern und damit das elektrische Signal weiterleiten.

Das klingt, als ob die synaptische Übertragung ein ziemlich langsamer Prozess sei: Ein Aktionspotenzial kommt am Ende der Nervenfaser an, Kalzium-Ionen strömen ein, der Neurotransmitter wird in den Spalt abgegeben, wandert zur anderen Seite und dockt dort an die Rezeptoren an. Daraufhin öffnen sich in der Membran der angesteuerten Nervenzelle die Natrium-Kanäle und lassen Natrium-Ionen einströmen. Die elektrische Spannung der Membran sinkt. Tatsächlich läuft dieser Vorgang ziemlich schnell ab. Von der Ankunft des Aktionspotenzials an der Synapse bis zur erneuten Erzeugung eines Aktionspotenzials auf der anderen Seite des Spalts vergeht typischerweise nur eine fünftel Millisekunde. Die chemische Synapse überträgt Signale also schnell und vor allem sehr genau, weil über die kurze Entfernung des Spaltes keine Information verloren geht.

Wenn elektrische Signale nur einfach weitergeleitet würden, wäre das Gehirn keine besonders ausgeklügelte Rechenmaschine. Dann könnte es letztlich nur Botschaften addieren. Allerdings können die Synapsen die Nervensignale entweder verstärken oder abschwächen. Man sagt auch, dass sie erregend oder hemmend beziehungsweise exzitatorisch und inhibitorisch wirken. Jede Synapse hat entweder die eine oder die andere Eigenschaft, sie bremst ein Signal oder leitet es weiter.

Die erregende Synapse funktioniert so wie oben geschildert. Sie bewirkt, dass die Membran elektrisch aktiv ist. Das eine Neuron regt dann gewissermaßen ein weiteres Neuron an, mit dem es verschaltet ist. Und dieses Neuron kann erneut ein Aktionspotenzial abgeben. Auf diese Weise wandert ein elektrisches Signal von einer Nervenzelle zur nächsten.

Bei einer hemmenden Synapse strömen – genauso wie bei der erregenden Synapse – die positiv geladenen Kalzium-Ionen ein und bewirken, dass Botenstoffe freigesetzt werden. Diese Botenstoffe sind aber andere als die in der erregenden Synapse, sie sind hemmende Botenstoffe. Wenn sie ihre Andockstellen gefunden haben, öffnen sich daher auch andere Kanäle als bei der erregenden Synapse. Statt der Kalzium-Kanäle, die positiv geladene Teilchen freisetzen, öffnen sich im Fall der hemmenden Synapse Chlorid- oder Kalium-Kanäle. Die herausströmenden Ionen sind negativ geladen. Wenn sie in die Zelle einwandern, fällt die elektrische Spannung der Membran ab. Damit sinkt auch die Wahrscheinlichkeit, dass die Zelle hinter der Synapse ein Aktionspotenzial feuern kann. Das Aktionspotenzial, das von der Nervenzelle vor der hemmenden Synapse ausging, ist also gewissermaßen abgebremst worden, weil diese Synapse die elektrische Aktivität drosselt.

Es ist übrigens gut, dass es im Gehirn auch hemmende und nicht nur erregende Synapsen gibt. Ansonsten würden wir ständig unter Spannung stehen und hyperaktiv sein. Wenn in Nervennetzen die Hemmung nicht richtig funktioniert, weil die dazugehörigen Ionen-Kanäle gestört sind, hat das fatale Folgen, wie zum Beispiel einen epileptischen Anfall. Auch bei anderen Krankheiten könnten fehlende inhibitorische Synapsen die Ursache sein, etwa bei Schizophrenie. Neue Untersuchungen deuten darauf hin, dass bei Schizophrenie in einem bestimmten Bereich des Stirnhirns zu wenige hemmende Verbindungen vorhanden sind, beziehungsweise dass generell das Gehirn es nicht schafft, seine Aktivität gezielt zu drosseln. Diese Fähigkeit ist ganz wichtig: Wenn unsere Sinnesorgane stark gereizt werden, etwa durch laute Töne oder kalte Luft auf unserer Haut, regelt unser Nervensystem seine Empfindlichkeit etwas herunter. Das ist gewissermaßen ein Schutzmechanismus, um einer Überforderung vorzubeugen oder auch um Informationen herauszufiltern, die wir nicht brauchen. Wenn die Hemmung nicht richtig funktioniert, ist das Gehirn ständig überfordert. So ertragen Menschen, die an Schizophrenie leiden, bestimmte Reize nicht und reagieren sehr heftig darauf.

In einem gesunden Gehirn, davon muss man ausgehen, befinden sich erregende und hemmende Synapsen immer im Gleichgewicht. Die genaue Verschaltung ist zum Teil im genetischen Bauplan angelegt. Zum Teil wird sie aber auch von der Umwelt, also von den Reizen, denen wir ausgesetzt sind, bestimmt. Der ausgeklügelte Vorgang, bei dem elektrische und chemische Prozesse ineinandergreifen, passiert millionenfach in jeder Sekunde – ein kleines Wunder. Eigentlich ist es überraschend, wie robust die Maschinerie der Signalübertragung ist und dass sie bei den meisten Menschen fehlerfrei funktioniert.

Die heimlichen Herrscher des Gehirns

Die Überträger der Informationen von Nervenzelle zu Nervenzelle sind, wie gezeigt wurde, letztlich chemische Botenstoffe. Sie sind die heimlichen Herrscher des Gehirns und werden entweder durch den Stoffwechsel im Körper hergestellt oder mit der Nahrung aufgenommen. Es gibt sie in einer verwirrenden Vielfalt. Mehrere Dutzend Botenstoffe tun in den Synapsen ihren Dienst, und viele sind am Glücksgefühl beteiligt, wie wir noch sehen werden.

Weil die elektrischen Signale von den Synapsen entweder verstärkt oder abgebremst werden, gibt es erregende und hemmende Botenstoffe. Zum Beispiel Glutamat, eine chemische Verbindung, die erregend wirkt – wenn sie freigesetzt wird, werden die Nervensignale weitergeleitet. Gegenspieler von Glutamat ist die Gamma-Aminobuttersäure, kurz GABA, der wichtigste hemmende Botenstoff im Gehirn. GABA bremst also die Aktivität der Nervenzellen. Trotzdem kann es vorkommen, dass die Nervennetze zu erregt sind und überreagieren, weshalb manche Menschen gelegentlich Beruhigungsmittel brauchen. Valium und andere Substanzen aus der Familie der Benzodiazepine verstärken die Wirkung von GABA. Sie führen dazu, dass bestimmte Stellen an der Oberfläche der GABA-Rezeptoren besonders aktiv werden. Das heißt, die Neurotransmitter heften sich dort verstärkt an, und die elektrische Aktivität der Nervenzellen wird noch mehr als gewöhnlich gehemmt.

Übrigens kann ein und derselbe Neurotransmitter sowohl hemmend als auch erregend wirken, je nachdem, wo im Nervensystem er zum Einsatz kommt. Acetylcholin, einer der wichtigsten Botenstoffe überhaupt im Körper, wirkt beispielsweise in den Zellen der Skelettmuskeln erregend, während er im Herzmuskel die elektrischen Signale hemmt. Ohne Acetylcholin könnten wir uns nicht bewegen, weil die Signale der Nervenzellen in den Muskeln nicht weitergeleitet würden. Was passiert, wenn der Botenstoff nicht mehr wirkt, zeigt auf eindrucksvolle Weise das Gift Curare, das die indigene Bevölkerung Südamerikas aus den Blättern und Rinden der Lianen gewonnen und für die Jagd mit Pfeilen benutzt hat. Gelangt Curare in den

Blutkreislauf, paralysiert es in Sekundenschnelle sein Opfer. Es lähmt die Muskulatur, weil es sich an die Acetylcholin-Rezeptoren heftet. Der Botenstoff kann nicht mehr andocken und seine Wirkung entfalten. Die Signale der Muskelzellen gelangen nicht mehr ins Gehirn und umgekehrt kann das Gehirn keine Befehle mehr zum Körper schicken. Am Ende ist auch die Atemmuskulatur gelähmt und das Opfer erstickt.

Bei der großen Vielzahl an Botenstoffen im Gehirn verliert man leicht die Übersicht. Besonders wichtig sind drei Gruppen von Neurotransmittern: Erstens die sogenannten Aminosäuren, also die grundlegenden Bausteine der Proteine. Zu ihnen gehören die bereits erwähnten Neurotransmitter Glutamat und GABA. Die zweite große Gruppe sind die Monoamine, das sind spezielle chemische Verbindungen, die eine Aminogruppe enthalten. Die wichtigsten Monoamin-Botenstoffe sind Dopamin, Noradrenalin und Serotonin. Dopamin ist immer im Spiel, wenn wir uns bewegen, aber auch wenn wir aufmerksam sind. Serotonin reguliert den Appetit, den Schlaf, das Gedächtnis und das Lernen. Auch Noradrenalin ist an den Schlafmustern und der Aufmerksamkeit beteiligt. Alle drei Substanzen spielen, wie wir noch sehen werden, eine wichtige Rolle bei Gefühlen wie Glück. Wenn sie in ihrem Gleichgewicht gestört sind, kommt es zu Angstzuständen oder Depressionen.

Die dritte Gruppe sind die Peptide, also Ketten aus Aminosäuren. Wichtige Peptid-Botenstoffe sind die Opioid-Peptide. Sie heften sich an spezielle Rezeptoren im Gehirn, die Opioid-Rezeptoren, und wirken dann dämpfend und schmerzlindernd. Ein Beispiel sind Endorphine, körpereigene Drogen, die dem Organismus helfen, Schmerzen besser zu ertragen. Diese Neurotransmitter spielen eine wichtige Rolle bei der Motivation, bei Gefühlen und bei der Antwort des Körpers auf Stress. Opiate, also Drogen, die aus der Opiumpflanze gewonnen werden, wie etwa Morphium oder Kodein, wirken ganz ähnlich wie die Opioid-Peptide. Es ist also kein Wunder, dass Opiate Schmerz lindern, aber auch unsere Gefühle und unseren Antrieb stark verändern.

Nervenzellen, in denen bestimmte Botenstoffe hergestellt werden, können zusammenhängende Gruppen bilden, die über weite Strecken im Gehirn wirken. Man spricht auch von speziellen Signalwegen – ähnlich wie Straßen, auf denen entweder nur Autos fahren oder nur Fußgänger laufen. Weit verbreitet sind dopaminerge Systeme, deren Nervenzellen vor allem auf der Basis von Dopamin wirken. Sie regulieren Gefühle, das Lernen, steuern Bewegungen und sind wichtig für sexuelle Erregung. Noradrenerge Signalwege, die über den Botenstoff Noradrenalin wirken, finden sich ebenfalls in vielen Bereichen des Gehirns. Sie regulieren den Schlaf-wach-Zyklus, die Atmung und sorgen für Aufmerksamkeit.

Sehr viele Medikamente wirken, indem sie die vorhandene Menge von Botenstoffen oder deren Aktivität verändern. Beruhigungsmittel etwa verringern, wie oben erwähnt, die Angst, weil sie den Effekt von GABA verstärken, indem sich viele GABA-Moleküle an ihre Andockstellen heften und damit die Nervenaktivität drosseln. Andere Arzneimittel dagegen blockieren gewisse Rezeptoren, man nennt sie Rezeptor-

Antagonisten. Haloperidol oder Chlorpromazin zum Beispiel sind Medikamente, die die Symptome einer Schizophrenie lindern, weil sie die Andockstellen für Dopamin besetzen und damit die Wirkung des Botenstoffs herunterfahren. Sogenannte Agonisten dagegen wirken wie der Botenstoff selbst, indem sie sich an dessen natürliche Andockstellen heften und so den beschriebenen Schlüssel-Schloss-Mechanismus in Gang setzen. Das Beruhigungsmittel Valium ist ein Agonist für den Botenstoff GABA, das Mittel kopiert gewissermaßen das Verhalten von GABA und senkt das Erregungslevel des Nervensystems.

Herzrasen und Schweißausbruch

Die Dutzenden von Botenstoffen im Gehirn bilden ein extrem ausgeklügeltes System. Es ähnelt einem komplizierten chemischen Räderwerk. Welche Mengen an bestimmten Neurotransmittern notwendig sind, damit unser Gehirn gesund ist und richtig arbeitet, lässt sich nicht sagen. Man kann nämlich die Menge an Botenstoffen, die zu einem bestimmten Zeitpunkt in der Nervenzelle vorhanden ist, nicht messen. Höchstwahrscheinlich ist das Gleichgewicht der Botenstoffe auch individuell verschieden. Letztlich kann man nur aus den Ausfällen und Krankheiten wie etwa Parkinson, Depressionen oder dem Aufmerksamkeitsdefizitsyndrom ADHS schlussfolgern, welche Mengen an bestimmten Neurotransmittern in welchen Bereichen des Nervensystems wichtig sind. Wenn sie verrücktspielen, funktioniert das Gehirn nicht mehr richtig.

Gefühle entstehen im Gehirn, aber sie wirken sich auch auf den ganzen Körper aus. Wer besonders glücklich ist oder Angst hat, dessen Herz schlägt pro Minute ein paarmal zusätzlich. Es pumpt mehr Blut durch den Körper, und dadurch steigt die Temperatur der Haut, sie wird feuchter. Es läuft uns sprichwörtlich heiß und kalt den Rücken hinunter. Die Härchen auf den Unterarmen stellen sich auf. Das sind unwillkürliche Reaktionen, die wir nicht beeinflussen können. Deswegen können wir weder Glück besonders gut heucheln noch können wir unsere Angst verbergen.

Herzschlag und Hauttemperatur sind ein Ausdruck dessen, was gerade im Kopf passiert: Das Gehirn hält eine Situation für besonders erfreulich oder für bedrohlich und aktiviert einen Teil unseres Nervensystems, das »autonome« oder »vegetative« Nervensystem. Daraufhin ändert sich zum Beispiel der Herzschlag oder die Atmung. Nervenzellen und Botenstoffe haben ein Gefühl erzeugt – und der Körper reagiert mit einer Emotion. Auch die Verdauung kann betroffen sein, weshalb bei Verliebten »Schmetterlinge im Bauch« auftreten oder man sich »vor Angst in die Hose macht«. Das Gehirn hat sich in den Angst- oder den Wohlfühlmodus begeben, der Körper folgt. Wir nehmen das unbewusste Gefühl des Gehirns als bewusste Emotion wahr, weil unser Körper darauf reagiert. Wir fühlen das Glück oder wir spüren die Angst.

Dieser Mechanismus funktioniert teilweise auch umgekehrt. Wir können durch tiefes Durchatmen die

Angst vor einem knurrenden Hund, der sich unseren Waden bedrohlich nähert, unter Kontrolle bringen. Wenn wir in einem Stimmungstief sind, kann ein Lächeln helfen. Der US-Psychologe Paul Ekman hat Versuchspersonen trainiert, ihre Augenringmuskeln zu bewegen. Diese Muskeln benutzen wir unwillkürlich, wenn wir uns freuen oder glücklich sind. Die Probanden sollten dabei immer wieder sagen, wie sie sich fühlten. Nach einer Weile stellten die meisten fest, dass ihre Stimmung sich gebessert hatte, allein weil sie ihre Augenringmuskeln bewegt hatten.

Wir können also mit unserem Körper unsere Emotionen ein wenig beeinflussen. Wie ein solches Glückstraining aussieht, darüber mehr in Kapitel 8. Leider wirkt das Gehirn wie ein Sieb für positive Erlebnisse, sie rutschen uns einfach durch. Die negativen dagegen bleiben haften wie an einem Klebeband. Wir nehmen die guten Seiten des Lebens als gegeben hin, die schlechten ärgern uns. Wir sind eher misstrauisch als freundlich und wittern gerne Verrat, anstatt an das Gute im Menschen zu glauben. Womöglich ist das ein Relikt aus der Steinzeit, als unsere Vorfahren noch von wilden Tieren bedroht waren und um ihr Leben fürchten mussten. Wer damals zu gutgläubig war und sich nicht schnell genug in Sicherheit bringen konnte, der überlebte nicht. Auch wenn die wilden Tiere längst ausgestorben sind und unser Leben ziemlich gefahrenfrei ist, läuft unser Gehirn weiterhin im Gefahrenmodus. Das zeigen auch Experimente mit Fotos: Versuchspersonen, die negativ und positiv besetzte Motive gezeigt bekommen, reagieren stärker auf die negativen als auf die positiven.

Lange Zeit war man der Meinung, dass das Gehirn einen Bereich für die Gefühle hat und einen anderen fürs Denken. Das passte gut zu den philosophischen Vorstellungen, dass der Mensch zwischen zwei Polen lebt: dem Verstand und der Vernunft einerseits und den Gefühlen und Trieben andererseits. Angst, Ärger, Freude, Trauer und Wut hat man lange Zeit als die animalische Seite des Menschen angesehen, als seine Schwäche. Die angeblich gefühllose Vernunft dagegen galt als seine Stärke. Der Verstand war, so die damalige Vorstellung, in der Gehirnrinde angesiedelt, dem Neokortex, der bei Säugetieren und vor allem beim Menschen besonders entwickelt ist. Die Gefühle wurden in einem tiefer gelegenen und aus Sicht der Evolution älteren Teil des Gehirns verortet: im limbischen System. Grundlage für die Theorie des Gefühlszentrums war unter anderem ein Experiment, das deutsche Forscher in den 1930er-Jahren machten. Sie entfernten einem Affen die Schläfenlappen, dort, wo sich große Teile des limbischen Systems befinden. Das Tier, das zuvor eher wild war und Angst vor Menschen hatte, wurde plötzlich zahm. Es lief auch nicht mehr weg, wenn es zum Beispiel eine Schlange sah. Der Affe hatte mit dem Verlust des limbischen Systems seinen Fluchtreflex, die wohl wichtigste emotionale Reaktion von Lebewesen, eingebüßt.

Mittlerweile weiß man, dass diese Trennung des Gehirns – hier Emotionen, dort Verstand – so nicht stimmt. Bilder des Gehirns zeigen, dass, wenn Gefühle entstehen oder verarbeitet werden, auch die Hirnrinde beteiligt ist. Andererseits sind Teile des limbischen Systems notwendig, damit wir bewusst handeln können. Unser Denken beeinflusst unser Fühlen und unsere Gefühle beeinflussen unseren Verstand. Das eine ist nichts ohne das andere. Deshalb ist es auch möglich, mithilfe unseres Denkens – etwa durch Meditation oder Verhaltenstherapie – unsere Gefühle zu verändern, wie wir später sehen werden. Der Begriff »limbisches System« als Gefühlszentrum ist daher etwas überholt, er wird dennoch oft verwendet, wenn man von der Struktur spricht, die vorrangig mit Gefühlen und Motivation beschäftigt ist. Das limbische System ist Teil des »Mittelhirns«, das zwischen der stark gefalteten Hirnrinde liegt, die bei Säugetieren besonders ausgeprägt ist, und dem Hirnstamm. Der Hirnstamm ist der Bereich, der ins Rückenmark übergeht, und manchmal auch Reptiliengehirn genannt wird, weil er sich bereits vor 500 Millionen Jahren entwickelt hat und selbst einfache Lebewesen wie Schlangen und Eidechsen diesen Teil des Gehirns besitzen. Im Hirnstamm befinden sich Gruppen von Nervenzellen, die fürs Überleben entscheidend sind. Sie regeln die Atmung, den Herzschlag oder die Verdauung, und dort entstehen auch die Signale, die zum Hungergefühl führen.

Das limbische System besteht aus dem »Gyrus cinguli«, manchmal nur Cingulum genannt, einer Struktur, die sich wie ein C-förmiger Ring in das Innere der Hirnrinde schmiegt. Das Cingulum ist daran beteiligt, Blutdruck und Atemfrequenz zu regulieren sowie die Aufmerksamkeit zu steuern. Daran sieht man, dass das limbische System eng mit dem Hirnstamm verbunden ist, ohne den wir nicht überleben könnten, weil er wichtigste Körperfunktionen aufrechterhält.

Neben dem Cingulum gehören zum limbischen System zwei weitere wichtige Strukturen. Erstens der Hippocampus, der wesentlich am Gedächtnis beteiligt ist. Der Hippocampus ist eine nur ein paar Zentimeter große Hirnregion, die wie ein Seepferdchen aussieht und manchmal auch so genannt wird. Ohne den Hippocampus können wir keine neuen Gedächtnisinhalte ablegen. Die zweite wichtige Struktur, die zum limbischen System gehört und sich ebenfalls im Inneren des Rings befindet, ist die »Amygdala«, auch Mandelkern genannt. Sie bewertet Reize und signalisiert der Gehirnrinde zum Beispiel, was gefährlich sein könnte. Die Amygdala schickt auch Signale zum Hippocampus, um ihm mitzuteilen, ob und wie emotional wichtig ein Gedächtnisinhalt ist: So erinnern wir uns besonders intensiv an unangenehme Erlebnisse, zum Beispiel an den Tag, an dem wir durch die Führerscheinprüfung gefallen sind. Andererseits erinnert uns Schokolade etwa angenehm an die Großmutter, die uns bei jedem Besuch eine Tafel zusteckte. Von allen Teilen des limbischen Systems scheint es insbesondere die Amygdala zu sein, die wir brauchen, um Gefühle zu verarbeiten. Sie bewertet gewissermaßen den emotionalen Inhalt von Situationen. Wenn wir zum Beispiel einen Hund sehen, der knurrt, gehen wir davon aus, dass er nicht gestreichelt werden will, sondern eher in der Laune ist zuzubeißen. Die Amygdala würde uns im Zweifel auch vor dem Hund warnen, indem sie Körperreaktionen in Gang setzt. Unser Herz schlägt dann schneller, wir schwitzen, und wenn wir die Gefahr wirklich als bedrohlich empfinden, kann die Amygdala auch einen Fluchtreflex auslösen. Wir

rennen dann lieber weg, als uns von dem Hund beißen zu lassen. So zeigen Tiere, denen man den Mandelkern entfernt hat, keine Angst mehr. Ratten er-
starren normalerweise vor Furcht, wenn sie den Urin
eines Fuchses riechen oder wenn sie eine Katze sehen.
Eine Ratte ohne Amygdala aber flieht nicht mehr,
sie klettert sogar auf die Katze und versucht, sie zu
beißen.

Welche Schaltkreise Angstgefühle vermitteln, ist gut
untersucht. Denn Angst ist notwendig, um zu überleben, und daher eine emotionale Reaktion, die alle
Tiere zeigen. Trauer und Freude sind weitaus schwieriger zu messen. Bei Tieren sowieso, weil die Körperreaktionen nicht so ausgeprägt sind, aber auch bei
Menschen, weil das Empfinden von Glück etwa sehr
individuell ist. Das klassische Angst-Experiment besteht darin, Tieren einen elektrischen Schock zu versetzen. Sie lernen dann, diesen unangenehmen Reiz zu
vermeiden. Meistens verbindet man den Schock mit
einem Ton. In diesen klassischen Konditionierungs-
experimenten reagieren die Tiere nach einer Weile bereits, wenn sie nur das akustische Signal hören. Allerdings müssen sie dafür eine intakte Amygdala haben.

Inzwischen weiß man auch, was im Inneren der
Amygdala passiert, wenn Tiere Angst haben: Es entsteht eine Art Schaltkreis der Furcht. Die Amygdala
besteht aus mehreren Kernen von Nervenzellen, zwei
davon sind besonders wichtig, wenn das Gehirn etwas
für gefährlich hält: der zentrale und der seitliche Kern.
Wenn diese Kerne beschädigt sind, lernen Ratten nicht
mehr, vor bestimmten Reizen Angst zu haben. Bei ihnen funktioniert die Konditionierung mit Elektro-

schock und Ton nicht mehr. Doch im Normalfall werden beide Reize zunächst zum Thalamus weitergeleitet. Der Thalamus liegt im Zentrum des limbischen Systems, er gehört aber nicht dazu. Er ist eine Art Filter auf dem Weg zur Hirnrinde, der entscheidet, welche Reize gerade wichtig sind. Die spezialisierten Gebiete in der Hirnrinde reagieren nun auf den Elektroschock und den Ton – in diesem Fall der somatosensorische Kortex, der für das Tasten zuständig ist, und der auditorische Kortex, der Töne verarbeitet. Anschließend wandern Signale von dort zum seitlichen Kern der Amygdala. Dort reagieren die Kontaktstellen der Nervenzellen und verändern ihre Stärke, je nachdem wie unangenehm der Elektroschock war. Nach einigen Stromschlägen hat sich ein Schaltkreis im seitlichen Kern der Amygdala gebildet, der fortan reagieren wird, wenn die Ratte den Ton hört, weil sie weiß, dass dann auch der unangenehme Stromschlag folgt. Praktischerweise gibt es auch direkte Verbindungen vom Thalamus zur Amygdala. Das heißt, die Amygdala kann schnell reagieren, wenn die Ratte den Ton hört. Sie muss nicht warten, bis die Hirnrinde das Signal »unangenehmer Stromschlag« gegeben hat. Die Amygdala kann also warnen, bevor wir überhaupt bewusst eine Gefahr wahrgenommen haben.

Neben dem seitlichen Kern liegt der zentrale Kern der Amygdala. Er löst die Körperreaktionen aus, indem er Signale an verschiedene Bereiche aussendet: Zum Beispiel an den Hypothalamus, der den Befehl ausgibt, den Puls zu beschleunigen und den Blutdruck zu steigern. Oder an die Bewegungszentren, die reagieren, indem die Muskeln starr vor Angst werden. Bei

Tieren ist diese Starre besonders ausgeprägt, aber auch Menschen verkrampfen sich vor Furcht. Diese wichtigen Körperreaktionen sind fleischgewordene Emotionen, die uns signalisieren: Vorsicht! Dafür brauchen wir die Amygdala. Wenn sie geschädigt ist, kann man nicht mehr lernen, auf unangenehme Reize zu reagieren. Betroffene begeben sich dann eher in gefährliche Situationen. Sie erkennen nicht die Gefahren, weil sie sie nicht spüren. Studien haben gezeigt, dass sie ebenso nicht erkennen, wenn die Gesichter anderer Menschen Angst ausdrücken, während bei gesunden Versuchspersonen solche Reize die Amygdala aktivieren.

Doch die Amygdala ist, wie man inzwischen weiß, viel mehr als nur eine Warnzentrale, die uns vor gefährlichen Situationen schützt. Sie wird, wie man in Experimenten mit Ratten herausgefunden hat, ebenso aktiviert, wenn wir lernen, einen Reiz mit einer Belohnung zu verbinden. Sie verarbeitet alle Erregungszustände, also auch positive Gefühle. Jeder kennt die heftigen Körperreaktionen, wenn wir uns in einen Menschen verliebt haben und ihn nach einem ersten Treffen wiedersehen. Es kribbelt im Bauch, uns wird abwechselnd kalt und heiß und vielleicht erröten wir auch.

Gefühle sind wichtig für unser Denken und Handeln. Daher ist es nicht überraschend, dass von der Amygdala vielfältige Verbindungen zu den Zentren der Gehirnrinde führen und umgekehrt. Die Amygdala nimmt Einfluss auf die Aufmerksamkeit, auf die Wahrnehmung, das Gedächtnis und auch auf Entscheidungen. Zum Beispiel können wir uns wie erwähnt besser an Ereignisse erinnern, die mit starken Gefühlen einhergegangen sind, egal ob es positive oder negative Gefühle waren. Der erste gemeinsame Kinobesuch mit dem neuen Partner, als wir frisch verliebt waren, bleibt im Gedächtnis. Der Filmtitel, das Kino, die geteilte Popcorntüte – auch daran erinnern wir uns lange.

Hinter der Stirn

Inzwischen weiß man auch genauer, welche anderen Bereiche des Gehirns neben der Amygdala daran beteiligt sind, Gefühle zu erkennen und zu verarbeiten. Wie so oft in der Gehirnforschung haben Wissenschaftler viele Details aufgeklärt, indem sie Patienten mit Gehirnverletzungen untersucht und beobachtet haben. Ein besonders berühmter Fall ist der eines Eisenbahnarbeiters, der im 19. Jahrhundert in den USA lebte: Phineas Gage. Er hatte beim Verlegen von Schienen einen Unfall erlitten, dabei hatte sich eine Eisenstange durch seine Stirn gebohrt. Wie durch ein Wunder überlebte Gage, allerdings verlor er ein Auge, und sein Stirnlappen, also die Hirnrinde hinter der Stirn, war verletzt, wie man nach seinem Tod feststellte. Nach dem Unfall war er nicht mehr der verantwortungsbewusste, fleißige und freundliche Vorarbeiter, als den ihn seine Kollegen kannten. Der neue Gage war impulsiv, er wurde schnell wütend und pöbelte andere bei jeder Gelegenheit an. Solche Gehirnschäden nennt man Frontalhirnsyndrom. Betroffene erkennen nicht mehr, wenn andere traurig oder wütend sind. Sie selbst verlieren leicht die Kontrolle über ihre Gefühle und bekommen Wutausbrüche wie kleine Kinder, denen man die Schokolade an der Supermarktkasse verweigert. Sie nehmen auch hohe Risiken in Kauf und begeben sich, ohne nachzudenken, in gefährliche Situationen.

Dabei haben sie keine kognitiven Defizite, ihr IQ ist völlig normal. Interessanterweise zeigen sie auch keine körperlichen Anzeichen von Furcht. Das kann man an der Haut messen: Sie ändert normalerweise ihre elektrische Leitfähigkeit, wenn wir aufgeregt sind, was ja auch das Prinzip der Lügendetektoren ist. Offenbar fehlt bei diesen Patienten mit Schäden im Frontalkortex die Rückkopplung zur Amygdala.

Erst mit bildgebenden Verfahren wie Kernspin- und Positronen-Emissions-Tomografie ist es möglich geworden, das bewusste Empfinden von Gefühlen systematisch zu untersuchen. Bei Versuchen bittet man Menschen, sich an traurige oder glückliche Ereignisse in ihrem Leben zu erinnern beziehungsweise an Momente, in denen sie Wut oder Angst empfunden haben. Dabei leuchten unterschiedliche Bereiche im Gehirn auf. Besonders markant reagiert das Gehirn bei Trauer, und zwar dort, wo das erwähnte Cingulum des limbischen Systems besonders gekrümmt ist.

Dieser Teil liegt ziemlich genau hinter dem Stirnlappen, also im präfrontalen Kortex. (Die Anatomen sind sich nicht einig, ob das Cingulum vollständig zur Gehirnrinde gehört oder nicht.) Er heißt auch Area 25, so benannt durch den deutschen Neurologen Korbinian Brodmann. Brodmann hatte um das Jahr 1900 zahlreiche Hirnrinden unter dem Mikroskop studiert und Bereiche definiert, die sich durch die Struktur der Nervenzellen unterscheiden. Seine Landkarte des Gehirns ist also nach rein histologischen Kriterien angelegt. Trotzdem entsprechen einige der Areale von Brodmann wichtigen funktionellen Einheiten.

Area 25 enthält besonders viele Nervenzellen mit Andockstellen für den Botenstoff Serotonin, der, wie wir später noch sehen werden, eine Rolle im Zusammenhang mit Depressionen spielt. Forscher vermuten, dass die Region eine wichtige Schaltstelle in einem größeren Schaltkreis von Hypothalamus und Teilen des Hirnstamms, von Amygdala und Hippocampus sowie Teilen des präfrontalen Kortex ist. Dieser Schaltkreis entscheidet jedoch nicht nur darüber, ob Erlebnisse als traurig wahrgenommen werden, sondern auch, welche Dinge das Gehirn angenehm findet – zum Beispiel ein Stück Schokoladenkuchen, Sex mit dem Partner oder der wunderbare Blick während einer Wanderung. Allein schon beim Gedanken an solche angenehmen Dinge springt in unserem Gehirn das sogenannte Belohnungssystem an – der Schaltkreis, der eine entscheidende Rolle für unser Glücksempfinden spielt. Um dieses Belohnungssystem geht es im nächsten Kapitel.

Auf einen Blick
- Gedanken und Gefühle entstehen im Gehirn. Der Körper reagiert darauf, zum Beispiel mit schnellerem Herzschlag oder erhöhter Hauttemperatur.
- Das Gehirn besteht aus etwa 100 Milliarden Ner-

venzellen, die miteinander über elektrische Signale kommunizieren. An den Kontaktpunkten wirken chemische Botenstoffe, sogenannte Neurotransmitter. Dazu gehören zum Beispiel Dopamin und Serotonin, die eine wichtige Rolle bei der Entstehung und Verarbeitung von Gefühlen spielen.

- Gefühle werden zum Teil im limbischen System verarbeitet, allerdings auch in der Großhirnrinde.

3 Belohnung ist alles

Das ganze Team arbeitet seit Wochen daran, die Projektpräsentation fertigzustellen, um sie dem Kunden vorstellen zu können. Die Chance auf einen Zuschlag liegt bei 50:50, da noch sehr gute weitere Konkurrenten mit im Rennen sind. Die Anspannung ist dementsprechend groß. Jeder bereitet sich so gut, wie es geht, vor, und die Präsentation verläuft reibungslos. Der Kunde stellt zwar kritische Fragen, aber das Team findet darauf gute Antworten. Während der Beratung des Kunden wird das Team vor die Tür geschickt. Nach einer endlosen halben Stunde werden alle hereingebeten und die gute Nachricht wird verkündet: Sie werden den Auftrag erhalten! Das Bangen hat ein Ende! Mit einer Explosion der Gefühle fällt sich das Team in die Arme und ist nur noch glücklich.

Eine andere Form des Glücksgefühls zeigt das folgende Beispiel.

Ein Paar ist seit 27 Jahren verheiratet und führt das, was man eine glückliche Ehe nennt. Man ist froh, zusammenleben zu dürfen, freut sich auf viele Ereignisse, wie das Treffen mit Freunden, gemeinsame Urlaubsreisen, oder auch ganz Alltägliches, was insofern an Bedeutung gewinnt, als dass man es zu zweit erlebt. Selbstverständlich gibt es Krisen und Schwierigkeiten, aber beide Partner stellen die Beziehung an sich nie infrage, sodass bei ihnen das Gefühl einer glücklichen Beziehung überwiegt.

In beiden Beispielen geht es um Glück und Glücklichsein. Das Projektteam wird für eine über Wochen anhaltende Anstrengung belohnt, und es kommt bei den Beteiligten zu einem Sturm der Gefühle und des Überschwangs. Dabei wird das sogenannte Belohnungssystem massiv aktiviert und das Gehirn mit verschiedenen Hormonen geflutet. Im zweiten Beispiel ist das Gefühl dauerhafter angelegt: Glück im Sinne einer langfristigen Zufriedenheit. Es werden viele positive Ereignisse aufsummiert, an die man sich erinnern kann, und die Erinnerung an jedes Ereignis für sich führt dann jeweils zu einer Aktivierung des Belohnungssystems. Das Belohnungssystem verstärkt über die Aufrechterhaltung eines positiven Grundgefühls somit eine gute Beziehung, die für die Betroffen offenbar einen Benefit darstellt. An dieser Stelle stellt sich die Frage, ob das Gehirn ein neuronales Netzwerk für Glück und Zufriedenheit vorhält. Man könnte auch fragen: Hinterlassen Gefühle im Gehirn Spuren? Oder existieren sie gleichsam im luftleeren Raum? Diese Fragen stellen sich die Menschen bereits seit Hunderten von Jahren. Schon der französische Philosoph René Descartes hat sich mit ihnen beschäftigt. Allerdings hat er sie falsch beantwortet. Denn Descartes war überzeugt, dass Denken und Fühlen sich ausschließen, nach dem Motto: Zum Denken braucht man einen kühlen Kopf, Vernunft und Emotionen schließen sich aus.

Dass die Vernunft sehr wohl davon abhängt, dass

wir Schmerzen, Liebe oder Angst empfinden, ist inzwischen bekannt und erwiesen. Auch weiß man heute, dass sich diese Gefühle in den Nervenzellnetzwerken des Gehirns niederschlagen und man diese mithilfe moderner bildgebender Verfahren sogar sehen kann. Trotzdem fällt es vielen von uns schwer zu glauben, dass es im Gehirn ein neuronales Netzwerk für eine so subjektiv wahrgenommene Gefühlsregung wie Glück oder Zufriedenheit gibt.

Wir glauben gerne, dass in unserem Kopf alles vorbestimmt sei und wir wenig bis keinen Handlungsspielraum hätten. Tatsache ist aber, dass neuronale Netzwerke sehr plastisch sind und sich somit gut einer Umwelt anpassen, die sich ständig ändert. Zum Beispiel haben wir es im Beruf mit neuen Kollegen und neuen Herausforderungen zu tun, weil die Firma umstrukturiert wird. Unsere Kinder kommen in die Pubertät und reden plötzlich nicht mehr mit uns. Unsere Eltern werden alt und brauchen mehr Zuwendung und Pflege. Wir müssen darauf reagieren – und wir können es. Aus vielen Beobachtungen und Studien weiß man, dass nur ein kleinerer Teil unseres Verhaltens – etwa ein Drittel bis höchstens die Hälfte – tatsächlich durch Persönlichkeitszüge festgelegt ist, die im Erbgut festgeschrieben sind. Man könnte auch vereinfacht sagen, dass unsere Gene dazu führen, dass ein Teil der Nervennetze im Gehirn fürs ganze Leben programmiert und damit unveränderbar ist. Der Rest aber bleibt flexibel. Natürlich ist unser Handlungsspielraum auch durch die Umwelt, in der wir leben, beschränkt. Wir können sie nur teilweise mitbestimmen. Die Umstände, die wir nicht verändern können, machen etwa 10 Prozent unseres Verhaltens aus. Unter dem Strich bleibt also ein gutes Drittel bis knapp zwei Drittel Handlungsspielraum übrig. Das ist die Marge, mit der wir unser eigenes Leben beeinflussen können und damit unser eigenes Glück selbst in der Hand haben. Und das ist ganz schön viel.

Für die nun anstehende Reise durch das Gehirn sollten Sie sich dementsprechend von dem Gedanken lösen, dass es in unserem Kopf unveränderlich zugeht, und zulassen, dass Gefühle nicht nur durch ein neuronales Netzwerk erzeugt werden, sondern auch Spuren in diesem Geflecht hinterlassen. Die Zahl der beteiligten Nervenzellen und Verknüpfungen ist allerdings unendlich groß. Deshalb ist es gar nicht möglich, genau zu wissen, was in dem Nervennetz vor sich geht. Selbst wenn wir die Vorgänge im Inneren der Zellen genau kennen würden, bestünde immer noch so viel Zufallsprinzip, dass von einem Determinismus keine Rede sein kann.

Aber nach allem, was wir wissen, gibt es im Gehirn ein neuronales Netzwerk für Glück und Zufriedenheit. Wir können also beschreiben, was passiert, wenn wir glücklich oder zumindest zufrieden sind. Hierbei muss man zwischen zwei Subsystemen unterscheiden: Zum einen dem System, das nach Zufriedenheit oder Glück strebt – das ist das » Wanting«, also das » Wollen«-Subsystem. Zum anderen dem » Liking«, also dem » Mögen«-Subsystem, das gezielt eine Handlung, die Vergnügen verspricht, ansteuert. Um dies an einem Beispiel deutlich zu machen: Im ersten Fall wünschen wir uns ein gutes Mittagessen, weil wir wissen, dass es uns Vergnügen bereiten wird, nach einem frischen Salat ein delikates Stück Fisch und anschließend eine Mousse au Chocolat zu essen. Im letzteren Fall verspeisen wir das Drei-Gänge-Menü. Beide Vorgänge, das Verlangen nach dem Vergnügen und die Handlung, die uns zufrieden macht, beruhen auf Vorgängen im Gehirn. Man kann die Prozesse, die sich im Kopf abspielen, messen, und zwar auf zwei verschiedene Arten: Einerseits beruhen sie auf elektrischen Signalen von Nervenzellen, die man mit unterschiedlichen bildgebenden Verfahren aufzeichnen kann. Andererseits äußern sich diese elektrischen Muster als Verhalten, und das lässt sich beobachten.

Die Fähigkeit, Freude und Lust zu empfinden, bezeichnet man als Hedonie. Die Reaktionen des Körpers und des Gehirns, die zu Zufriedenheit und Glück führen, heißen hedonistisch. Sie sind nichts anderes als eine messbare positive Bewertung eines Vorgangs und letztlich die Grundlage für den Zustand der Zufriedenheit beziehungsweise des Glücks. Wer das Glück gefunden hat, muss allerdings daran festhalten, man könnte auch sagen: daran arbeiten. Denn man gewöhnt sich an das Glück, es fühlt sich nach einer Weile normal an – ein Effekt, der, wie im ersten Kapitel beschrieben, auch »hedonistische Tretmühle« genannt wird. Darunter versteht man die Tendenz der Menschen, nach einem stark positiven oder negativen Lebensereignis recht schnell zu einem relativ stabilen Level von Glück beziehungsweise Glücklichsein zurückzukehren.

Warum braucht der Mensch überhaupt ein Belohnungsnetzwerk, das dem neuronalen Netzwerk für Glück und Zufriedenheit zugrunde liegt? Welchen

Sinn hat es für das Überleben der Spezies? Bereits zu Charles Darwins Zeiten um 1872 war spekuliert worden, dass affektive Reaktionen – also Gefühle – durch die Evolution ausgewählt wurden, um Überlebenschancen zu verbessern. Auf dieser Basis geht die »Neurowissenschaft der Gefühle« davon aus, dass emotionale Reaktionen verstärkt werden, um Verhaltensweisen wie Nahrungserwerb oder Sexualität besonders angenehm zu gestalten, um wiederum so das eigene Überleben zu sichern und somit zur Erhaltung der Art beizutragen. Interessanterweise wird hierbei immer das gleiche Belohnungsnetzwerk aktiviert, unabhängig davon, ob das Ziel der Belohnung Nahrung, Sex oder Drogen sind. Ebenso setzen Freunde, die Zuwendung durch geliebte Personen, Musik oder Kunst dieses Netzwerk in Gang. Und es ist auch aktiv, wenn wir ganz einfach glücklich sind, ohne erkennbaren äußeren Anlass.

Dieses Belohnungsnetzwerk ist fast über das ganze Gehirn verteilt. Es erstreckt sich über Bereiche des sogenannten Stirnhirns, auch präfrontaler Kortex genannt, und befindet sich dort insbesondere in den tiefer in der Stirn gelegenen Teilen, dem orbitofrontalen Kortex. Weitere wichtige Bestandteile des Belohnungssystems sind die im Schläfenlappen gelegene Inselregion, der vordere Teil des sogenannten Cingulums, welches sich dem Stirnhirn anschließt, sowie der in den tieferen Hirnregionen liegende Nucleus accumbens, das ventrale Pallidum (ventral: bauchseits) und die schon erwähnte Amygdala (Mandelkern).

An dieser Stelle möchten wir eine kleine Warnung aussprechen: Generell muss man in der Gehirnfor-

Das Gehirn und sein Belohnungssystem

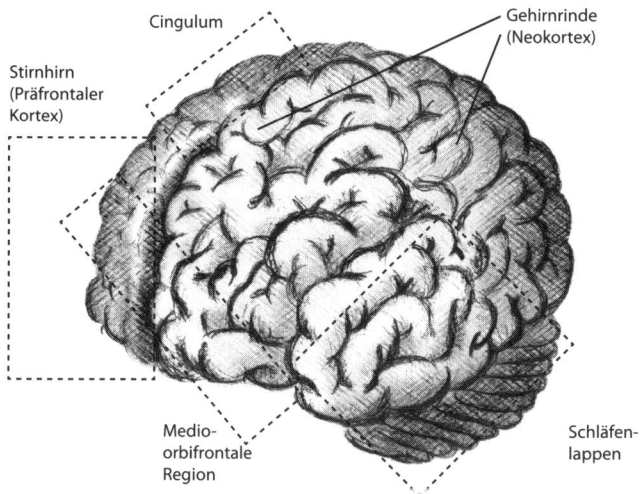

Außen liegende (Groß-)Hirnstrukturen

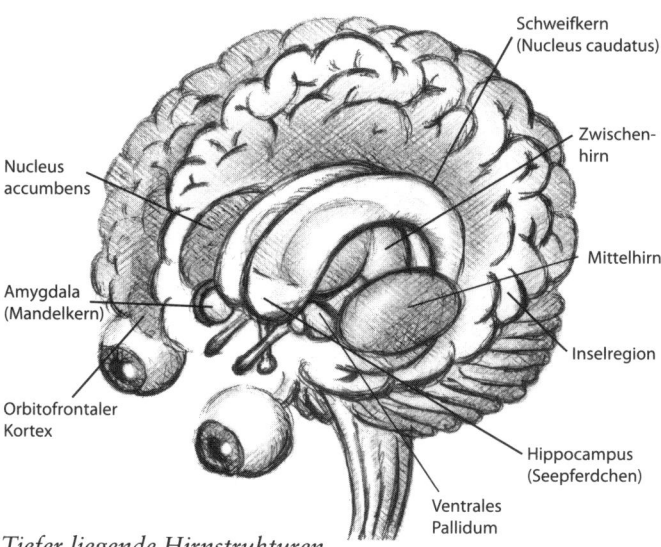

Tiefer liegende Hirnstrukturen

schung vorsichtig sein, denn der Zusammenhang zwischen der messbaren Aktivität der Nervenzellen und bestimmten Funktionen ist nicht immer eindeutig. Ein beliebtes Experiment besteht darin, eine Versuchsperson in eine Kernspin-Röhre zu legen und sie zum Beispiel zu bitten, an ein angenehmes Ereignis zu denken, das sie ein oder zwei Tage vorher erlebt hat. Gleichzeitig misst man, welche Regionen im Gehirn aufleuchten, wo also die Nervenzellen besonders hart arbeiten. Bei der Versuchsperson ist das zum Beispiel die Amygdala. Daraus schließt man, dass die angenehme Erinnerung entsteht, weil die Amygdala aktiviert wurde. Es könnte aber auch sein, dass Gedächtnisfunktionen im Hippocampus die Aktivität der Amygdala ausgelöst haben. Oft zeigen solche Gehirnbilder einen Zusammenhang zwischen der Aufgabe und der Aktivität, also eine Korrelation. Aber das muss nicht notwendigerweise eine Kausalität darstellen und somit die Ursache dafür sein, dass die Nervenzellen aktiv sind.

Trotzdem wissen wir mittlerweile sehr viel über die Bestandteile des Belohnungsnetzwerkes und deren Zusammenspiel: Der untere Teil des Stirnhirns hat die Aufgabe, zu bewerten, was uns eine Belohnung bringt, um somit den gesamten Belohnungsvorgang abzuschätzen. Zum Beispiel werden wir vor die Wahl gestellt, ob wir ein gutes Mittagessen haben wollen oder eine belegte Semmel. Die Semmel würde es sofort geben, das Essen erst in einer halben Stunde. Wir sind sehr hungrig, trotzdem entscheiden wir uns für das warme Essen. Denn unser Gehirn, genauer gesagt der oben genannte Teil des Stirnhirns, hat abgeschätzt, dass es es wert ist, so lange zu warten, um ein Schnitzel statt der Semmel essen zu können. Wir können uns daher leicht vorstellen, dass dieser Bereich ziemlich viel zu tun hat, da er andauernd den Wert von Absichten und Vorgängen beurteilen muss, die zu einer potenziellen Belohnung führen oder führen können. Der vordere (anteriore) Teil des Cingulums, das sich dem Stirnhirn anschließt, hat eine ähnliche Aufgabe wie das Stirnhirn. Er schätzt die Energie ab, die man aufwenden muss, um eine bestimmte Belohnung zu erhalten. Im Unterschied zu dem, was im Stirnhirn passiert, wird aber im Cingulum nicht die Belohnung selber bewertet, sondern eher der Gesamtaufwand, der im Zusammenhang mit einer anstehenden Belohnung anfällt. Hier wird also beispielsweise abgewogen, ob es sich lohnt, auf den Pflaumenbaum des Nachbarn zu klettern. Die Früchte sehen nicht nur appetitlich aus, sie riechen auch gut – es lockt eine leckere Ausbeute. Andererseits gibt es möglicherweise Ärger mit den Nachbarn, ein Zweig könnte abbrechen, man könnte herunterfallen, zumindest würde die Hose schmutzig werden und man könnte sich die Hand aufschürfen beim schnellen Herunterklettern vom Baum.

Neben Stirnhirn und Cingulum spielt außerdem die Amygdala eine wichtige Rolle im Belohnungssystem. Wie im letzten Kapitel beschrieben, liegt die Amygdala im Schläfenlappen direkt vor dem Hippocampus. Sie ist ganz zentral an vielen Vorgängen des Gehirns beteiligt, wie an der Verarbeitung von Gefühlen, wenn wir lernen und uns erinnern. Die Amygdala ist auch wichtig für die Motivation, also den Antrieb, bestimmte Aufgaben zu erledigen. Sie ist extrem gut vernetzt mit vielen anderen Bereichen des Gehirns. Insbesondere erhält sie Signale aus Gehirnregionen, die mit den Sinnesorganen verbunden sind, und schickt ihrerseits Signale dorthin. Die Amygdala weiß ständig, was im Seh-, Geruchs-, Geschmacks- und Gehörsystem vor sich geht und welche wichtigen Reize wir dort aufnehmen. Diese Region des Gehirns hat also ziemlich viel zu tun, wenn man bedenkt, wie viele Tausende von Informationen aus unserer Umgebung wir ständig über Augen, Ohren, Nase und Geschmacksnerven empfangen.

Wenn man die Amygdala gezielt reizt, dann wird das Gehirn aufmerksamer für Informationen aus den anderen Sinnesorganen. Führt man der Nase den Geruch von frisch gebackenem Kuchen zu, so werden die Pupillen weit, damit wir den vermeintlichen Kuchen besser sehen können, und wir werden wacher, damit wir die sich in Geruchsnähe befindende Teigware besser orten können. Die Amygdala antwortet aber auch auf Reize, die eine Belohnung in Aussicht stellen, und bewertet diese Belohnung. Mehr noch: Sie schätzt ab, was die Belohnung bedeutet, in all ihren Facetten. Jemand kauft sich zum Beispiel einen schönen neuen Wintermantel. Er tut das, weil er seinen Körper warm halten will, wenn es draußen kalt ist. Aber beim Kauf spielen auch andere Dinge eine Rolle, zum Beispiel die Farbe. Ein Geschäftsmann wird vermutlich nicht nach einem roten Mantel greifen, da er zu auffällig wäre, sondern nach einem grauen, der symbolisiert, dass er zur Gruppe der »seriösen Geschäftsleute« gehört. Dem Künstler wäre der rote Mantel recht, weil er sich von der Masse der anderen Wintermantelträger abheben will. Die Schauspielerin könnte darauf achten, dass der Mantel ausgefallen ist und der Mantel mit ihr zum Gesamtkunstwerk wird.

Dicht neben der Amygdala beginnt der Hippocampus. Die mehrere Zentimeter lange wurmförmige Struktur im Schläfenlappen übernimmt zentrale Aufgaben beim Lernen und Erinnern. Sie hilft dem Gehirn, einzuordnen, ob es den Reiz, der zu einer Belohnung führt, bereits kennt oder nicht. Zusammen mit der Gehirnrinde, auch Neokortex genannt, kann der Hippocampus eine Gesamtbewertung vornehmen. Reize, die das Belohnungssystem aktivieren, sind häufig positiv für das jeweilige Individuum – sehr oft handelt es sich um Essen oder Sex. Aber auch negative Dinge können das Belohnungssystem in Gang setzen, beispielsweise die geschickte Annäherung an ein wildes Tier, um diesem gut entkommen zu können. Angst überwinden, um zu überleben, lautet hier die Devise. Dafür braucht der Mensch ein zuverlässiges System, das überlebenswichtige Informationen erkennt: Der Hippocampus spielt dabei eine sehr wichtige Rolle, denn er filtert die unbekannten Aspekte aus der gesamten Information heraus, die das Gehirn erreicht, und macht auf diese aufmerksam. So soll sichergestellt werden, dass neue Informationen erkannt und bewertet werden, um Gefahrenquellen sicher zu identifizieren.

Stirnhirn, Cingulum, Amygdala und Hippocampus – das sind die wichtigen Bestandteile des Belohnungssystems. Aber es gibt noch eine weitere Region, die beteiligt ist, um Zufriedenheit und Glück zu erzeugen. Im sogenannten ventralen Pallidum, das tief verborgen im Gehirn liegt, werden Informationen aus der Amygdala, dem Hippocampus und dem Nucleus accumbens, der gleich noch vorgestellt wird, gesammelt und bewertet. Das ventrale Pallidum ist eine enorm wichtige Schaltstelle: Es sorgt nämlich dafür, dass die Bewertung, die wir getroffen haben – Schnitzel statt Semmel zum Beispiel –, auch vom Körper entsprechend umgesetzt wird. Um beim Essen zu bleiben: Wir sind zu Besuch in einer fremden Stadt, haben Hunger und suchen ein Restaurant. Wir gehen an einer ganzen Reihe von Lokalen vorbei und dabei ist unser Belohnungssystem ständig aktiv. Es bewertet das Angebot an Gerichten (gibt es da etwas, worauf wir gerade Lust haben, zum Beispiel Fisch oder etwas Vegetarisches?), wie hoch die Preise sind oder wie gemütlich das Innere des Restaurants aussieht und ob überhaupt ein Tisch frei ist. Dann trifft das Belohnungssystem eine Entscheidung und setzt mithilfe des ventralen Pallidums das »motorische Programm« in Gang. Wir laufen zu dem Restaurant zurück, das von unserem Gehirn eine besonders positive Bewertung bekommen hat. Dort angekommen, laufen ähnliche Vorgänge ab: Wir studieren die Speisekarte und das Belohnungssystem trifft eine Entscheidung nach den Vorgaben der Gehirnrinde. Diese hat entschieden, dass heute ein vegetarisches Gericht angesagt ist, weil wir schon die ganze Woche Fleisch und Fisch gegessen haben, und dass eine kleine Portion ausreicht, weil das Hungergefühl gar nicht so groß ist. Daraufhin setzt wiederum das ventrale Pallidum das motorische Programm in Gang: Wir heben den Arm, um die Bedienung zu rufen, und wir bewegen unsere Gesichtsmuskeln und Stimmbänder, um eine kleine Portion Pasta mit Pilzen zu bestellen.

An dieser Stelle möchten wir einen kurzen Exkurs zum Thema »Hunger haben« machen: Wir gehen nämlich landläufig davon aus, dass wir Hunger entwickeln, weil der Blutzuckerspiegel absinkt. Das ist falsch. Wenn wir von Schwankungen des Blutzuckerspiegels abhängig wären, würden Organe mit einem hohen Energieverbrauch, wie beispielsweise das Gehirn, erhebliche Unregelmäßigkeiten in der Funktionsfähigkeit aufweisen. Die Folge wäre ein Flackern wie bei einer Glühbirne, wenn die Stromstärke schwankt. Das heißt, wenn wir Hunger bekämen, würde uns immer wieder schwarz vor Augen werden, und es wäre noch schwieriger, Nahrung zu finden, um unseren Hunger zu stillen. Der Hunger entsteht jedoch durch eine Art »kleines Hungermännchen« im Kopf, genau genommen im Belohnungssystem, welches zuerst schwach und dann immer stärker einfordert, dass der Körper Nahrung aufnehmen soll. Ein Experiment belegt das eindrucksvoll: So hat man zwei Gruppen von Personen Mahlzeiten mit identischer Kalorienanzahl aufgetischt, wobei eine Gruppe einen Nachtisch bekam, die andere jedoch nicht. Nach dem Essen hat man die Versuchspersonen nach ihrem Sättigungsgefühl gefragt. Die »Nachtischgruppe« gab an, satt zu sein, die »Gruppe ohne Nachtisch« fühlte sich weiter hungrig, obwohl sie die exakt gleiche Menge an Kalorien zu sich genommen hatte. Weil sie aber keinen Nachtisch zu essen bekommen hatten, empfanden die Versuchspersonen der zweiten Gruppe die Mahlzeit als unvollständig und verspürten noch Hunger. Dieses

Experiment zeigt: Hungergefühl entsteht primär im Kopf und erst danach im Bauch.

Zusammengefasst passiert also Folgendes im Belohnungssystem: Die Amygdala ist ein wichtiger Integrator von Informationen aus dem Seh-, Geruchs-, Geschmacks- und dem Gehörsystem. Diese Informationen werden bewertet, und zwar zum einen in den medio-orbitofrontalen Anteilen des präfrontalen Kortex und zum anderen durch das vordere Cingulum. Hierbei scheint der präfrontale Kortex den Wert einer aktuellen Belohnung beziehungsweise einer in Aussicht stehenden Belohnung zu beurteilen, wohingegen das vordere Cingulum im Sinne eines Controllers das Ergebnis eines Belohnungsvorgangs mit dem hierfür notwendigen Energieaufwand abgleicht. Der Hippocampus bewertet die Neuheit eines Belohnungsreizes und steht in enger Verbindung mit diversen Arealen im Neokortex, um in Erfahrung zu bringen, ob dieser Reiz bekannt ist und in welchem Kontext die Person damit bereits in Kontakt gekommen ist. Durch Integration der Informationen von der Amygdala, dem Hippocampus und dem präfrontalen Kortex helfen nun der Nucleus accumbens und das ventrale Pallidum, den »genehmigten« Willen des Menschen in gerichtete Bewegung umzusetzen.

Von Dopamin überschwemmt

In Kapitel 2 haben wir beschrieben, wie die Nervenzellen im Gehirn über elektrische Impulse und biochemische Stoffe, die sogenannten Transmitter, miteinander kommunizieren. Diese Transmitter oder Botenstoffe sind sehr wichtig, da sie die elektrischen Impulse und damit die Kommunikation zwischen den Nervenzellen aufrechterhalten. So werden in einer Nervenzelle die Transmitter hergestellt, in Päckchen abgepackt und dann zu den Fortsätzen der Nervenzellen, den sogenannten Synapsen, gebracht. An speziellen Austrittspforten werden dann diese Päckchen ausgeleert, sodass die Überträgerstoffe durch den synaptischen Spalt zu den Enden eines benachbarten Nervenkörpers wandern und dort an einen Rezeptor andocken. Dieses Andocken führt quasi zu dem Öffnen einer Tür, in dessen Folge dann viele weitere chemische und elektrische Vorgänge angeschoben werden, wodurch die nächste Zelle weiß, was sie zu tun hat.

Für die Erzeugung von Glücksgefühlen ist der Botenstoff Dopamin am wichtigsten. Wir wissen aus Tierversuchen und auch aus Studien mit Menschen, dass bei jeder Belohnung die Menge an Dopamin im Gehirn zunimmt. Insbesondere der Nucleus accumbens wird regelrecht mit Dopamin überschwemmt. Die Menge an Botenstoffen kann man mit bildgebenden Verfahren wie der Positronen-Emissions-Tomografie (PET), messen: Dabei heben sich Gehirnregionen mit viel Dopamin von solchen mit wenig ab. So kann man beispielsweise genau sehen, dass mehr

Dopamin im Nucleus accumbens vorhanden ist, wenn wir essen. Oder löst eine Versuchsperson erfolgreich eine Aufgabe, so wird ihr Gehirn ebenfalls Dopamin freisetzen. Besonders viel Dopamin wird freigesetzt, wenn der Proband hierfür zusätzlich mit Geld belohnt wird, auch wenn es sich nur um Spielgeld handelt. Das Gleiche beobachtet man bei Affen, die eine Aufgabe erfolgreich absolviert haben und dafür eine Banane erhalten. Dopamin selber entsteht aus der Aminosäure Tyrosin und wird über das Molekül L-Dopa zu Dopamin synthetisiert. Dieser Überträgerstoff entsteht in den Zellen des sogenannten Mittelhirns, und von dort wird er über vier Wege im Gehirn verteilt. Hierbei übernimmt er eine aktivierende Rolle, zum Beispiel bei Denkvorgängen, aber auch bei der emotionalen Verarbeitung sowie bei Bewegungsvorgängen. So führt beispielsweise bei Parkinson ein Mangel an Dopamin dazu, dass die Betroffenen an einer für die Erkrankung typischen eingeschränkten Beweglichkeit leiden: Bei den Patienten entwickeln sich zitternde Hände (Tremor), sie können nur noch kleine Schritte machen und ihr Gesicht erstarrt wie zu einer Maske.

Neben Dopamin spielen weitere Botenstoffe eine wichtige Rolle für das Belohnungssystem. Man spricht von neuroaktiven Hormonen – dabei handelt es sich um chemische Substanzen, die auf Nervenzellen einwirken und deren elektrische Signale verändern. Dazu gehören Serotonin und Noradrenalin. Sie werden im Belohnungssystem freigesetzt und regen andere Bereiche im Gehirn an. So entsteht das Gesamtgefühl Glück oder zumindest Zufriedenheit. Grob gesagt wird Serotonin eine »glücksverbessernde Wirkung« zugesprochen. Und bestimmte Lebensmittel sollen förderlich für unseren Serotonin-Spiegel sein. Insbesondere Schokolade und Süßigkeiten wird nachgesagt, über Serotonin Glücksgefühle hervorzurufen. Serotonin selbst ist in Schokolade zwar nicht enthalten, dafür aber das Molekül Tryptophan, und wenn das im menschlichen Körper abgebaut wird, entsteht Serotonin. Zudem sorgt das Gehirn, wenn wir Süßes essen, dafür, dass Insulin ausgeschüttet wird. So wird der Zucker in die Zellen aufgenommen und bewirkt, dass die Zellen ausreichend Energie zur Verfügung haben. Gleichzeitig werden Endorphine, das sind körpereigene Opiate, die eine schmerzstillende Wirkung haben, und andere Hormone freigesetzt, die den Kreislauf und damit die Verdauung anregen. Der Körper wird somit in einen Nahrungsaufnahme-Modus geschaltet, was wir insgesamt als angenehm empfinden. Neben Serotonin gilt auch Noradrenalin als Hormon, das den Antrieb verbessert, uns also gewissermaßen fit macht. Das liegt daran, dass Noradrenalin, wie auch die anderen sogenannten Katecholamine (eine biologisch und medizinisch wichtige Stoffgruppe) wie Dopamin eine Art Stress über den Locus caeruleus auf den Körper ausüben. Der Locus caeruleus, was so viel heißt wie »himmelblauer Ort«, ist ein bläulich schimmernder Kern von noradrenergen Nervenzellen, die also vor allem auf Noradrenalin reagieren. Wenn der Locus caeruleus aktiviert wird, steigt der Blutdruck an, die Durchblutung wird verbessert, und man hat mehr Energie, um Nahrung aufzunehmen, anzugreifen oder wegzulaufen.

An dieser Stelle müssen wir ein wenig differenzieren: Belohnung bedeutet nicht automatisch, dass eine große Menge an Dopamin ausgeschüttet wird. Nur wenn wir eine Belohnung nicht erwarten und davon überrascht werden, ist messbar viel Dopamin im Nucleus accumbens. Rechnen wir dagegen mit einer Belohnung, dann ist kaum Dopamin im Spiel. Hier muss man dementsprechend unterscheiden, ob wir uns eine Belohnung wünschen *(Liking)* oder vorstellen *(Wanting)*. Wünschen wir uns eine Belohnung oder stellen sie uns vor, kommt es im Gehirn zu einer deutlich messbaren Ausschüttung von Dopamin, wohingegen beim Belohnungsvorgang selber gar nicht viel von dem Botenstoff freigesetzt wird. Letztendlich ist das sinnvoll, da das Belohnungssystem ja Verhaltensweisen unterstützt beziehungsweise unterstützen soll, die in der Ferne liegen und angestrebt werden sollen. Das heißt, wenn ich Hunger habe, muss das Belohnungssystem dafür sorgen, dass ich alles unternehme, um den Hunger zu stillen. Bin ich an meinem Ziel angelangt und kann Nahrung zu mir nehmen, dann ist es nicht mehr notwendig, dass dieser Vorgang durch eine größere Dopamin-Ausschüttung zusätzlich belohnt wird.

Aber Dopamin ist kein reines »Glückshormon«. Auch negative Erlebnisse und Stress führen zu einer vermehrten Dopamin-Ausschüttung, die jedoch durch entgegengerichtete Impulse wie Ärger ihren glücksauslösenden Moment verlieren. Deshalb werden wir uns nicht automatisch glücklich fühlen, auch wenn genug Dopamin ausgeschüttet wird und auf den ersten Blick alle Bedingungen zu stimmen scheinen. Zum

Beispiel sitzen wir mit der Familie bei einem schönen Abendessen zusammen und trotzdem sind wir nicht zufrieden. Denn vielleicht müssen wir am nächsten Tag verreisen und fühlen uns daher unter Zeitdruck. Oder wir fürchten finanzielle Probleme, weil eine Mieterhöhung ansteht. Eventuell drückt auch auf die Stimmung, dass ein Familienmitglied schwer erkrankt ist. Es gibt viele Gründe, warum das Glücks- oder Zufriedenheitsnetzwerk nicht immer so richtig anspringt. Vielmehr muss man ihm die Chance geben, Wohlgefühle erzeugen zu können.

Ob das passiert, hängt aber nicht nur von unserer Umwelt ab, sondern liegt ein Stück weit auch in unserer Hand: Wie wir uns unsere Zeit einteilen, wirkt sich auf das Stresslevel aus; ob wir genug schlafen und uns auch sonst um unsere körperlichen Belange kümmern, sind Faktoren, die wir verändern können und die unsere Psyche und somit natürlich auch das Belohnungssystem beeinflussen. Stressvermeidung kann sogar effektiver sein als auf Glückstraining zu setzen.

Kuschelhormon mit großer Wirkung

Neben Serotonin, Dopamin und Noradrenalin ist in unserem Belohnungssystem noch ein viertes Hormon bedeutsam: Oxytocin. Oxytocin wird gerne als Kuschelhormon bezeichnet, weil es eine wichtige Rolle bei sozialen Kontakten spielt und daher wesentlich für das Glücks- oder Zufriedenheitsnetz ist. Oxytocin ist ein Peptid, also eine Kette von Eiweißmolekülen. Es wird im Zwischenhirn gebildet und von dort zur Hirnanhangsdrüse transportiert, zwischengespeichert und bei Bedarf abgegeben.

Insbesondere ist Oxytocin im Spiel, wenn Frauen Kinder bekommen und mütterliches Verhalten entwickeln, um ihren Nachwuchs zu pflegen. Interessanterweise hat es auch eine große Bedeutung, wenn zwei Menschen sich zu einem Paar zusammenfinden: Es beeinflusst die Partner bei ihrer Präferenz füreinander und macht sie gewissermaßen immun gegenüber anderen Menschen, die sie ansonsten attraktiv finden könnten. Die romantische Liebe aktiviert mithilfe von Oxytocin die Motivation für den Partner und somit indirekt auch Glück und Zufriedenheit. Das lässt sich sogar messen: Im Blutplasma von frisch verliebten Paaren finden sich erhöhte Oxytocin-Werte.

Die Oxytocin-Werte sind jedoch nicht nur im Blut von Verliebten erhöht. Je mehr Oxytocin vorhanden ist, umso mehr kommunizieren die Partner miteinander. Man kann sogar anhand des Oxytocin-Spiegels vorhersagen, wie lange Partner zusammenbleiben. Allerdings hat das Hormon auch eine dunkle Seite: Mehr Oxytocin führt nicht nur zu mehr sozialer Interaktion, sondern auch zu Aggression, und insbesondere zu selektiver Aggression. Er fördert zwar einerseits die Verbindung zum Partner, führt andererseits jedoch dazu, dass man fremde Personen ablehnt. So hielten in einer Studie heterosexuelle Männer, die mit Oxytocin-Nasenspray behandelt worden waren, fremde (mit der Partnerin vergleichbar attraktive) Frauen auf Abstand, wohingegen sich Männer ohne Oxytocin-

Behandlung weniger abweisend gegenüber attraktiven Frauen zeigten.

Außerdem unterstützt Oxytocin uns dabei, unser soziales Netz und das Territorium der Familie zu verteidigen. Jeder, der Geschwister hat, kennt dieses Gefühl, wenn der Bruder oder die Schwester von Fremden kritisiert oder angegriffen wird. Dann begibt man sich sofort in den Angriffsmodus, selbst wenn man ansonsten gerne mit den Geschwistern streitet. Oxytocin beeinflusst auch, ob Tiere monogam oder polygam leben: Präriewölfe haben viel mehr Oxytocin-Rezeptoren im Gehirn als Gebirgswölfe. Das heißt, sie verfügen über mehr Andockstellen für das Hormon, das deshalb seine Wirkung besser entfalten kann. Die Wölfe im Gebirge hingegen haben weniger Oxytocin im Gehirn und sind deshalb eher polygam.

Neben der Paarbindung hat Oxytocin auch einen direkten Einfluss auf das Sexualverhalten. Es steigert die Lust auf Sex, und bei Tieren konnte nachgewiesen werden, dass während des Geschlechtsaktes Wohlfühlhormone wie Dopamin, Serotonin und Noradrenalin vermehrt freigesetzt werden. Beim Menschen steuert Oxytocin die sexuelle Erregbarkeit über den Hypothalamus, das Striatum, die Amygdala, die Inselregion, den frontalen Kortex und das Cingulum. Hier erkennen wir zahlreiche Regionen, die auch Teil des Belohnungssystems sind. Neben Partnerbindung und Sexualität ist Oxytocin auch äußerst wichtig für soziale Interaktionen. Das haben Forscher in vielen Versuchen eindrücklich nachgewiesen. Man kann bei Mäusen zum Beispiel das Oxytocin-Gen ausschalten, die Tiere haben dann praktisch kein Oxytocin mehr im Körper. Sie sind ausgesprochen unsozial und meiden jeden Kontakt mit ihren Artgenossen. Spritzt man diesen Nagern Oxytocin in die Amygdala, dann verhalten sie sich wie verwandelt: Sie spielen und kommunizieren mit den anderen Tieren.

Ähnliches kann man bei Menschen beobachten: Wenn Versuchspersonen Oxytocin bekommen, nehmen sie soziale Informationen besser auf. So schenken sie den Gesichtern, und hier insbesondere der Augenregion von Personen in ihrer Nähe, eine höhere Aufmerksamkeit. Sie versuchen sozusagen, die sozialen Ziele des Gegenübers besser zu verstehen. Interessanterweise nehmen die Probanden unter Oxytocin vor allem die positiven Emotionen der anderen wahr. Die negativen, wie Angst oder Trauer, ignorieren sie. Konkret bedeutet dies, dass mit Oxytocin behandelte Versuchspersonen sich auf der Suche nach glücklichen Gesichtern befinden, während sie unglücklichere Gesichter nicht zur Kenntnis nehmen.

Oxytocin fördert beim Menschen soziale Verhaltensweisen wie Altruismus, Großzügigkeit, Vertrauen oder Empathie, wie man in Studien mit Versuchspersonen nachweisen konnte. Interessanterweise gilt die Empathie nur den Mitgliedern der eigenen sozialen Gruppe. Personen, die nicht dazugehören, werden dagegen ausgegrenzt. Tiere, die Oxytocin verabreicht bekommen haben, greifen sogar Artgenossen außerhalb ihrer sozialen Gruppe an.

Fasst man die Rolle von Dopamin, Serotonin und Noradrenalin beziehungsweise Oxytocin zusammen, so modulieren die ersten drei Überträgerstoffe die Ausprägung von Freude, Schwung und Aufmerksamkeit. Das Oxytocin wirkt spezifisch auf soziale Interaktionen. Alle vier Hormone unterstützen uns dabei, zu verstehen, was Menschen um uns herum denken und fühlen, und zum anderen steuern sie unsere Verhaltensweisen so, dass wir mit Menschen in unserer Umgebung vernünftig kommunizieren können. Sie sind somit ganz zentral für die Kommunikationsfähigkeit. Da der Mensch ein kommunikatives Wesen ist, hängen sein Glück und seine Zufriedenheit davon ab, ob und wie er in der Lage ist, in seinen sozialen Gruppen mit seinen Partnern umzugehen.

Betrachtet man die hormonellen Modulatoren des Glücks- beziehungsweise des Zufriedenheitsnetzwerks im Gehirn des Menschen, so fällt auf, dass die einzelnen Teile des Netzes durchaus autonom funktionieren. Wird zum Beispiel die Verbindung zwischen präfrontalem Kortex und den anderen Regionen des Netzwerks unterbrochen, dann passiert etwas Überraschendes: Die hedonistischen Reaktionen bleiben trotzdem bestehen. Man weiß das von Menschen, bei denen eine Lobotomie durchgeführt wurde. Das ist eine Operation, die früher gelegentlich bei Epilepsiekranken vorgenommen wurde, um die schweren Anfälle zu verhindern. Heute ist sie unüblich, weil es sich um einen massiven Eingriff ins Gehirn handelt. Dabei werden die Nervenbahnen zwischen Thalamus und Frontallappen (siehe Abb. S. 79) sowie Teile der grauen Substanz durchtrennt. Diese Patienten haben zwar kognitive Defizite, sie können aber durchaus Zufriedenheit und Glück erleben. Gleiches gilt offenbar auch für die Strukturen des Schläfenlappens, die beispielsweise durch einen Hirntumor oder einen

Hirninfarkt beschädigt sein können. Die Betroffenen können trotz kognitiver Einschränkungen Glück und Zufriedenheit empfinden. Offensichtlich müssen jedoch zentrale Regionen, in denen Informationen zusammenkommen, wie der Nucleus accumbens oder das Pallidum, funktionstüchtig sein, damit das Glücksbeziehungsweise Zufriedenheitsnetzwerk aufrechterhalten werden kann und wir längerfristig glücklich und zufrieden sind.

Belohnung bedeutet Überleben

Wie bereits erwähnt, ist der Zusammenhang zwischen Belohnung und der Ausschüttung von Dopamin keineswegs so eindeutig, wie man lange Zeit angenommen hat. Vielmehr scheint es mittlerweile klar zu sein, dass das Belohnungssystem auch aktiviert sein kann, ohne dass Dopamin im Spiel ist. So ergibt sich an dieser Stelle die Frage, wie es sein kann, dass Drogen wie Kokain ihre Wirkung über eine erhöhte Dopamin-Ausschüttung erzielen. Eine Erklärung dafür könnte sein, dass diese Drogen ein Gefühl der Euphorie erzeugen, das jedoch nicht mit einem schönen Gefühl des Glücks und der Zufriedenheit zu vergleichen ist. Darüber hinaus ist es möglich, dass Drogen nicht über Dopamin, sondern über die Stimulierung körpereigener Opiate oder hemmender Überträgerstoffe wie Gamma-Amino-Buttersäure wirken. Wenn die Ausschüttung hemmender Überträgerstoffe verstärkt wird, werden zum Beispiel Schmerzen oder negative Gefühle wie Angst unterdrückt. Die körpereigenen Opiate reduzieren die Schmerzempfindung und verbessern auch direkt unsere Stimmung. So wurde früher, das heißt, bevor es antidepressive Medikamente gab, Patienten mit einer Depression eine Opiumlösung verabreicht. Diese lindert den »psychischen Schmerz« und kann durchaus die Symptome verbessern.

Untersuchungen der letzten Jahre zeigen, dass das Gehirn nie ruht. Selbst wenn wir schlafen oder auch ruhig sitzen, sind Nervenzellen aktiv. Man kann sich das so vorstellen, dass das Gehirn immer zwischen unterschiedlichen »Netzwerken« hin und her schaltet, wozu auch das Ruhenetzwerk gehört. Wenn dieses aktiv ist, ist unser Gehirn keiner großen Anstrengung unterworfen und muss keine besonderen Aufgaben meistern.

Ähnlich ist es mit dem Belohnungsnetzwerk. Das Belohnungsnetzwerk als Basis für das Glücksnetzwerk hat sich entwickelt, um unser Überleben abzusichern. Es verstärkt den Impuls, Nahrung zu suchen und aufzunehmen oder sich fortzupflanzen, und priorisiert somit diesbezüglich sinnvolle Verhaltensweisen. Hierzu wechselt das Glücksnetz zwischen verschiedenen Zuständen. Das ist notwendig, um in einer komplizierten Welt zu überleben. Denn wenn dieses Zufriedenheitsnetz nicht zwischen verschiedenen Phasen von Freude und Traurigkeit wechseln kann, so bleibt es statisch, was wiederum zu Anhedonie führt, also einer Unfähigkeit, Freude und Lust zu empfinden. Dies ebnet dann den Einstieg in eine depressive Erkrankung. Genau das beschreiben Menschen, die eine Depression entwickeln, nämlich den Verlust, Freude oder auch Traurigkeit zu empfinden, wie wir in Kapitel 6 noch sehen werden.

Auf einen Blick

- Wenn wir Glück oder Zufriedenheit empfinden, ist das Belohnungsnetzwerk in unserem Gehirn aktiv.
- Zum Belohnungsnetzwerk gehören Teile des präfrontalen Kortex, die Inselregion, das vordere Cingulum, der Nucleus accumbens, das zentrale Pallidum, der Hippocampus und die Amygdala.
- Jede dieser Strukturen hat die Aufgabe, den Informationsfluss, der über unsere Sinnesorgane hineinströmt, zu bündeln, zu bewerten und daraufhin unser Verhalten so zu steuern, dass es unser Überleben sichert.
- Bei diesen Vorgängen helfen verschiedene Neurotransmitter wie Dopamin oder Hormone wie Oxytocin. Sie verstärken Verhaltensweisen, um uns ein Gefühl des Glücks oder der Zufriedenheit zu vermitteln.

4 Das ganz persönliche Glück

Stellen Sie sich vor, ein Bekannter lädt Sie zu sich nach Hause zum Abendessen ein. Er will sich für einen Gefallen bedanken, den Sie ihm getan haben. Auf dem Sideboard neben dem Esstisch steht ein bereits dekantierter Bordeaux. Die leere Flasche trägt das Etikett *Château Lafite-Rothschild*, *Premier Cru Classé*, Jahrgang 2008. Ein exzellentes Jahr, sagt Ihr Bekannter, vom Weinpapst Robert Parker bestens bewertet. Sie nicken anerkennend und riechen an Ihrem Glas, bevor Sie einen Schluck nehmen und ihn im Mund leicht schmatzend bewegen. Großartig, sagen Sie.

Was Sie allerdings nicht wissen: Ihr Bekannter hat keinen Premier Cru Classé in die Karaffe geschüttet. Zwar funkelt darin auch ein Bordeaux, sogar ein Château Lafite-Rothschild, doch es ist keiner aus dem Superweinjahr 2008, und auch die Lage ist nur zweitklassig. Im Laden kostet die Flasche nur halb so viel wie der Spitzenwein. Ein Spezialist hätte wohl den Unterschied bemerkt, aber als durchschnittlicher Weinkenner haben Sie sich vom Etikett blenden lassen.

Ihr Gehirn hat einen Top-Wein erwartet und sich bereits in den Zufriedenheitsmodus begeben. Tatsächlich belegen Experimente, dass unsere Nervennetze schon vor dem Genuss aktiv sind: Wenn wir eine Belohnung erwarten – in diesem Fall einen besonders guten Wein –, dann sind die Zentren, wo Glücksgefühle verarbeitet werden, besonders gut durchblutet. Das verrät ein Gehirnscan, eine Aufnahme mit einem Kernspintomografen.

Ob Wein, Essen oder soziale Beziehungen: Was wir dabei empfinden, hängt ganz wesentlich von unseren Erwartungen ab. Ein Stück Fleisch schmeckt anders, je nachdem, was wir glauben zu essen. Vielen Menschen schmeckt das Schnitzel besser, wenn sie wissen, dass es vom Biobauern kommt. Der Psychologe Paul Bloom von der Yale University hat etliche Experimente dazu gemacht und immer wieder beobachtet, wie unsere Einstellung und unser Glaube den Wert von Gegenständen bestimmen. Zum Beispiel wird ein ganz gewöhnlicher Pullover wertvoll, wenn George Clooney ihn getragen hat. Wenn es aber nicht sicher ist, dass der Pullover dem Schauspieler gehört hat, wird sein Wert drastisch sinken. In den USA wurde ein vierjähriges Mädchen berühmt, weil es Bilder mit Farbflecken malte, die denen des weltbekannten Künstlers Jackson Pollock ähnelten. Die Farbkleckse verkauften sich für mehrere Tausend Dollar – bis zu dem Tag, an dem die Fans der kleinen Künstlerin erfuhren, dass der Vater seine Tochter angeleitet hatte, genauso zu malen wie Pollock. Auch Ölgemälde verlieren drastisch an Wert, wenn sich herausstellt, dass sie nicht von berühmten Malern stammen. Zum Beispiel galt das Bild *Christus und die Jünger in Emmaus* als ein Gemälde von Jan Vermeer. In Wirklichkeit stammt es aus der Werkstatt eines Kunstfälschers aus den 1930er-Jahren, fanden Experten vor einigen Jahrzehnten heraus. Seitdem ist dasselbe Kunstwerk nur noch einen Bruchteil seines früheren Preises wert.

Für persönliche Gegenstände gelten allerdings ganz andere Gesetze: Man besitzt beispielsweise einen Ring der Großmutter, der einem als »wertvoller Aquamarin« vermacht wurde. Als man ihn beim Juwelier ändern lassen möchte, zieht dieser abschätzig die Augenbrauen hoch und sagt, es sei ein Kunststein. Trotzdem bleibt für einen selbst der Ring als Erinnerungsstück wertvoll.

Unsere Erwartungen prägen auch die Gefühle. Wenn jemand uns absichtlich wehtut, zum Beispiel durch einen Schlag ins Gesicht, dann empfinden wir die Schmerzen stärker, als wenn wir aus Versehen gegen eine Schranktür knallen und uns ein blaues Auge holen. Dasselbe gilt für Zuneigung: Freundschaftsgesten sind uns mehr wert, wenn sie von Menschen kommen, die wir ohnehin mögen. Und ebenso sehen wir diese Menschen in einem besseren Licht als andere, die uns nicht so am Herzen liegen. Unser Partner oder unsere Partnerin ist für uns meistens klüger, hübscher und interessanter als für andere, zumindest wenn wir in einer glücklichen Beziehung leben.

Wohlbefinden, Zufriedenheit und Glück hängen also sehr stark von unseren Erwartungen, Absichten und Erfahrungen ab. Wie bereits im ersten Kapitel geschildert, können auch Menschen glücklich sein, die eigentlich zutiefst unglücklich sein müssten, wenn man es nur an den äußeren Umständen messen würde: Menschen etwa, die ein behindertes Kind bekommen oder die nach einem Unfall gelähmt im Rollstuhl sitzen. Umgekehrt sind Lottogewinner oder Erben, die unerwartet ein wertvolles Haus vermacht bekommen, nicht notwendigerweise glücklich. Während sich die Lottogewinner oder Erben an den Geldsegen gewöhnen, sich ihr Glück also gewissermaßen abnutzt, passt sich auch der Rollstuhlfahrer an seine neue Lage an. Er schraubt seine Erwartungen zurück, sein Gehirn begibt sich in einen anderen Modus.

Unser Gehirn kann Wohlbefinden erzeugen. Und dieses erzeugte Wohlbefinden fühlt sich ebenso gut an wie Glück. Tatsächlich ist die Unterscheidung zwischen synthetischem und »echtem« Glück schwierig, denn Glück ist nie objektiv. Auch wenn es Situationen gibt, die die meisten Menschen glücklich machen – ein harmonisches Essen im Kreis der Familie oder eine gute Note bei einer Prüfung etwa –, so bleiben die Gefühle doch sehr individuell. Der eine ist glücklich über eine Drei beim Abitur, für den anderen muss es eine Eins sein. Am Ende hängt jede Form von Glück davon ab, in welchem Zustand unser Gehirn sich befindet. Shakespeare hat Hamlet sagen lassen: »There is nothing either good or bad, but thinking makes it so« – »Denn an sich ist nichts weder gut noch böse, das Denken macht es zuerst dazu«.

Fingerabdruck im Kopf

Glück ist also keine objektive Größe. Wir können es nicht von unserem Leben trennen, es ist damit verwoben. Es hängt davon ab, was wir erleben und wer wir sind. Und damit zu einem guten Teil von unserem

Gehirn, da dieses in weiten Teilen dafür verantwortlich ist, ob wir ängstlich, traurig oder glücklich sind. Wenn wir nachforschen, warum manche Menschen zufriedener sind als andere, dann müssen wir nicht nur fragen, was sie erlebt haben, sondern auch: Was ist anders in ihrem Gehirn, dass sie sich häufig glücklicher fühlen als andere?

Alle Menschen haben ähnliche Organe. Ein Herz ist ein Herz, egal ob es einem Mann oder einer Frau gehört, einem Links- oder Rechtshänder. Es kann krankhaft vergrößert sein, seine Gefäße können Ablagerungen haben und es kann bei dem einen das Blut schneller pumpen als bei dem anderen – aber alles in allem funktioniert es immer gleich. Das gilt auch für die Nieren, die Lunge oder den Magen.

Auch das Gehirn hat bei allen Menschen zwei Hälften. Es besteht, wie wir in Kapitel 2 gesehen haben, aus einem Hirnstamm, dem sogenannten Mittelhirn und der Hirnrinde. Es gibt unter unserer Schädeldecke Sinnesbereiche wie das Sehzentrum und das Hörzentrum sowie Regionen, in denen Sprache verarbeitet und erzeugt wird. Und diese Bereiche sehen auf den üblichen Kernspin- oder PET-Aufnahmen bei allen Menschen ziemlich ähnlich aus.

Aber eben nur ähnlich. Denn die Auflösung der bisher üblichen Methoden, um ins Innere eines lebenden Gehirns zu schauen, ist sehr schlecht, man sieht nur Details von maximal einem Millimeter. Im Kleinen unterscheiden sich unsere Gehirne jedoch enorm. Lange Zeit hat man wenig auf die individuellen Ausprägungen im Gehirn geschaut. Inzwischen weiß man, dass sogar ganze Bereiche unterschiedlich angelegt sein können. Zum Beispiel können Teile des Sprachzentrums um mehrere Zentimeter weiter rechts oder links liegen. Auch wenn wir etwas lernen, Erfahrungen machen oder neue Landschaften sehen, verändert sich unser Gehirn. Es entstehen neue Verbindungen zwischen Nervenzellen, ja sogar neue Nervenzellen. Das Ergebnis ist ein höchst individuelles Organ, gewissermaßen ein Fingerabdruck im Kopf.

Das haben vor Kurzem Forscher der Yale University im amerikanischen Bundesstaat Connecticut eindrucksvoll gezeigt. Sie haben von 126 Versuchspersonen mehrere Gehirnscans aufgenommen. Genauer gesagt haben sie die elektrische Aktivität an festgelegten Punkten im Gehirn gemessen. Und zwar an 268 Knotenpunkten und rund 36 000 Verbindungen, die über das Gehirn verteilt waren. Das passierte, während die Probanden bestimmte Aufgaben lösten. Sie mussten zum Beispiel Sprachtests absolvieren oder sich an bestimmte Ereignisse erinnern. Außerdem haben die Forscher die Nervensignale im Ruhezustand gemessen. Sie wollten so herausfinden, ob das Aktivitätsmuster der Nervenzellen ausreicht, um einzelne Menschen zu identifizieren. Das Ergebnis ist erstaunlich: Nur mithilfe eines einzelnen Gehirnscans konnten die Forscher die Versuchspersonen mit 90-prozentiger Wahrscheinlichkeit benennen – und zwar egal, welche Aufgabe sie gerade lösten.

Jedes Individuum ist einzigartig, betonen die Autoren der Studie. Eine Einzigartigkeit, die im Gehirn angelegt ist. Besonders unterschiedlich sind die gemessenen Aktivitäten der Nervenzellen, wenn Stirnlappen und Scheitellappen des Gehirns beteiligt sind. Das kann man damit erklären, dass diese Bereiche der Hirnrinde im Laufe der Evolution besonders spät entstanden sind. Sie sind also für den Menschen charakteristisch und spiegeln gewissermaßen auch die Persönlichkeit wider.

Mit einer anderen Studie haben Forscher von der Ludwig-Maximilians-Universität München untersucht, welche Verbindungen im Gehirn besonders individuell sind. Sie machten bei 23 Probanden sechsmal innerhalb eines halben Jahres einen Hirnscan mittels Magnetresonanztomografie. Dadurch konnten die Wissenschaftler differenzieren, welche Unterschiede von vornherein zwischen Personen bestehen und welche sich erst im Laufe der Zeit herausbilden.

Wahrend sich die lokalen Verbindungen innerhalb einer Region wie Sehzentrum oder Hörrinde und auch zwischen benachbarten Bereichen wenig unterscheiden, beobachteten die Forscher ein ganz anderes Ergebnis bei den Nervenbahnen zwischen entfernten Regionen. Sie schauten sich dabei Bereiche an, die für höhere Denkfunktionen zuständig sind: etwa Eindrücke einordnen und verarbeiten, logisches Denken und die bewusste Kontrolle unserer Impulse. Das sind alles Regionen, die relativ spät in der Evolution entstanden sind. Bei diesen Fernleitungen fanden sie die größten individuellen Unterschiede und damit vermutlich den Hinweis darauf, was jeden Menschen einzigartig macht.

Diese Unterschiede könnten auch erklären, warum Menschen sich meistens viel stärker in ihrer Persönlichkeit und ihrem Verhalten unterscheiden als Tiere. Bei ihnen fehlen die besonders variablen Verknüpfungen im Gehirn, von den lokalen »Kurzstrecken« besitzen sie dagegen viele.

Die individuellen Unterschiede bei Nervenverbindungen kommen einerseits deshalb zustande, weil jeder Mensch andere Erfahrungen macht. Wie sehr Erlebnisse das Gehirn prägen, weiß man von vielen Versuchen mit Tieren. Bei Katzen, die von Geburt an auf einem Auge blind sind, können bestimmte Fasern im Gehirn gar nicht erst entstehen. Es gibt auch die tragischen Schicksale von Kindern, die von ihren Eltern jahrelang in dunklen Zimmern gefangen gehalten werden und keinen Kontakt zur Außenwelt haben. Sie lernen nicht richtig laufen und sprechen, manche Bereiche und Verbindungen in ihrem Gehirn verkümmern regelrecht.

Aber auch positive Erfahrungen formen das Gehirn. Wer Klavier oder Geige spielt, hat ganz andere Verdrahtungen als jemand, der kein Instrument beherrscht. Im Gehirn von Violinvirtuosen etwa ist der Bereich, der die Finger der linken Hand steuert, größer und aktiver als bei anderen. Die Nervennetze passen sich also an die Tätigkeit an, selbst wenn man dabei gar keinen Arm oder Finger bewegt. Das weiß man zum Beispiel von Londoner Taxifahrern, die lernen müssen, sich in einem komplizierten Gewirr von mehreren Zehntausend Straßen zurechtzufinden. Bei ihnen ist der Hippocampus vergrößert, also jener Bereich, wo räumliche Erinnerungen verarbeitet werden.

Selbst Gedanken und Absichten verändern das Gehirn. Bei einem Experiment haben Forscher der Harvard University Versuchspersonen, die Klavier spielen konnten, gebeten, sich ein Stück mental einzuprägen.

Sie lernten also die Noten und die Fingersätze, ohne die Finger zu bewegen. Trotzdem war nach dem Versuch die Region im Gehirn vergrößert, wo die Fingerbewegungen gesteuert werden – ganz ähnlich wie bei den Probanden der Kontrollgruppe, die das Klavierstück tatsächlich einstudiert hatten.

Doch nicht nur unsere Erfahrungen, sondern auch die Gene wirken sich auf das Gehirn aus. Wir kommen nicht als Tabula rasa, also als unbeschriebenes Blatt auf die Welt, sondern mit unseren individuellen Eigenheiten. Und diese Eigenheiten äußern sich bereits in den einzelnen Nervenzellen.

Jede Zelle im Körper und damit auch jede Nervenzelle im Gehirn besitzt eine Kopie eines Abschnitts des Erbguts, der sogenannten Desoxyribonukleinsäure (DNS). Dieser Gen-Abschnitt wird in Eiweißmoleküle übersetzt. Lange Zeit dachte man, dass in jeder Nervenzelle die identische DNS vorhanden sei. Vor ein paar Jahren aber haben Forscher des Salk Institute for Biological Studies im kalifornischen San Diego herausgefunden, dass im Gehirn ein regelrechtes Gen-Mosaik regiert. Die Nervenzellen besitzen zum Teil sehr unterschiedliche Varianten der DNS. Unsere Gehirnzellen tragen also zumindest teilweise eine Erbgut-Anleitung in sich, die wir nicht zwingend von unseren Eltern geerbt haben. Wie genau diese Varianten entstehen und wie sehr sie die Arbeitsweise der Zelle verändern, ist noch nicht klar. Fest steht aber, dass das Gehirn insgesamt sehr viel weniger programmiert und sehr viel flexibler ist, als man lange Zeit dachte.

Daher ist es auch nicht überraschend, dass Menschen sehr unterschiedlich auf Medikamente gegen Gehirnkrankheiten ansprechen. Wer an einer Depression leidet, kennt das Phänomen: Gegen die trüben Gedanken hilft bei manchen Patienten eine bestimmte Dosis eines Psychopharmakons, bei anderen muss die Menge doppelt so hoch sein oder sie brauchen ein ganz anderes Medikament, um aus ihrem Tief zu kommen. Mediziner müssen inzwischen zugeben, dass Therapien keine Universalformeln sind. Klar, eine Infektion mit Bakterien lässt sich mit Antibiotika bekämpfen, aber welche wann helfen, hängt nicht nur von den Erregern ab, sondern auch vom individuellen Immunsystem. Das Erbgut jedes Einzelnen entscheidet mit, auf welche Medikamente er oder sie anspricht. Das betrifft beispielsweise auch Mittel, die das Blut verdünnen und so einem Schlaganfall vorbeugen: Manche Menschen brauchen eine größere Dosis als andere, weil ihr Stoffwechsel die Mittel weniger schnell absorbiert.

Eines der besonders beeindruckenden Experimente zur Wechselwirkung zwischen Genen und Umwelt sind die Experimente mit Ratten des kanadischen Neurobiologen Michael Meaney. Bereits in den 1980er Jahren wunderte er sich darüber, dass einige seiner Versuchstiere extrem ängstlich waren. Sie erschraken schnell und erstarrten vor Furcht, wenn man sie in eine ihnen unbekannte Umgebung brachte. Sie verhielten sich regelrecht neurotisch. Im Gegensatz dazu wirkten die anderen Nager entspannter. Sie kundschafteten einen neuen Käfig aus, ohne Angst zu haben. Wenn sie Junge bekamen, kümmerten sie sich liebevoll um den Nachwuchs und leckten ihm das Fell. Die neurotischen Ratten taten nichts dergleichen und kümmerten sich überhaupt nicht um ihre Jungen. Meaney und seine Kollegen fanden heraus, was das Problem der neurotischen Ratten war: Sie hatten ein extrem hohes Level an Stresshormonen im Blut. Bei jeder Gelegenheit schüttete ihr Gehirn sogenannte Glucocorticoide aus, die das Herz zum Rasen bringen und die Muskeln sich anspannen lassen. Diese Stresshormone sind sehr nützlich, denn sie bewirken, dass der Körper innerhalb von Sekundenbruchteilen für die Flucht bereit ist. Für Tiere, die viele natürliche Feinde haben, sind solche Fluchtreaktionen extrem wichtig, um zu überleben. Die ausgeglichenen Nager dagegen produzierten nur wenig Glucocorticoide. Der Grund: Sie hatten in ihrem Gehirn mehr Rezeptoren für das Stresshormon, also Andockstellen, an die sich das Molekül heftet und so seine Wirkung entfaltet. Besitzt eine Ratte viele Rezeptoren, dann reichen weniger Moleküle aus, um zu wirken. Bei weniger Rezeptoren muss das Gehirn dagegen größere Mengen des Stresshormons produzieren. Das klingt zunächst paradox, ist aber logisch. Denn die Rezeptoren wirken nach dem Schlüssel-Schloss-Prinzip: Wenn der Schlüssel passt, kann man die Tür öffnen. Es kann aber immer nur eine Person durch die Tür gehen, dann ist sie wieder zu und man muss erneut aufsperren. Je weniger Rezeptoren, also Schlösser beziehungsweise Türen da sind, umso öfter muss man den Schlüssel ziehen und aufsperren, also umso mehr Schlüssel – in diesem Fall Stresshormone – braucht man, mit der fatalen Folge, dass die Nager ängstlich, schreckhaft und neurotisch sind.

Die Ratten mit mehr Rezeptoren für Stressmoleküle waren jene, die, wenn man das so sagen kann, eine schöne Kindheit erlebt hatten. Ihre Mütter hatten ihnen das Fell geleckt und sie umsorgt. Die liebevolle Aufzucht hat dazu geführt, dass sie ihr Leben lang Stress besser bewältigen konnten. Die neurotischen Ratten dagegen litten ständig unter Angst. Auch ihre Nachfahren waren ängstlich und schreckhaft.

Zunächst gingen die Forscher davon aus, dass die Nager-Mütter ihren Gemütszustand ihrem Nachwuchs vererbt hatten. Doch dagegen spricht ein weiterer Versuch von Meaney und seinen Kollegen: Sie machten die Vererbung der Angst rückgängig, indem sie die neurotischen Ratten-Babys von gesunden Ratten-Müttern aufziehen ließen. In diesem Fall entwickelten sich die Jungen prächtig. Tatsächlich siegt also in diesem Fall die Umwelt über die Gene – allerdings anders, als man früher dachte. Der Nachwuchs lernt nicht das Verhalten, indem er die Pflegemutter nachahmt. Vielmehr bewirkt das fürsorgliche Lecken, dass ein bestimmtes Gen aktiviert wird. Und dieser Abschnitt der Erbsubstanz sorgt dafür, dass viele Glucocorticoid-Rezeptoren im Hippocampus entstehen. Ein klarer Fall von Epigenetik, das heißt so viel wie: außerhalb des Genoms. Die Umgebung steuert, welche Gene aktiviert werden und welche nicht.

Für Gehirnforscher ist der massive Einfluss von Genen und Umwelt auf die Nervenzellen und ihre Verschaltungen eine zwiespältige Nachricht. Wissenschaftler suchen ja nach Gesetzmäßigkeiten und Formeln. Sie wollen die grundlegenden Mechanismen verstehen, wie wir sprechen, lachen, sehen oder glücklich sind. Dass das Gehirn so sensibel und so individuell auf Einflüsse reagiert und sich ständig neu verdrahtet, macht es schwieriger, die Abläufe in unserem Kopf zu verstehen. An vielen Punkten mussten bereits und müssen weiterhin die Lehrbücher der Gehirnforschung umgeschrieben werden.

Andererseits ist es natürlich wunderbar, dass Gehirne so flexibel und individuell sind. Unsere Persönlichkeit und unser Verhalten sind weitaus weniger festgelegt, als man früher dachte – wir können uns verändern. Außerdem bewirkt es, dass wir alle unterschiedlich sind. Das Leben wäre sicher weitaus langweiliger, wenn wir alle ähnlich »ticken« würden.

Diese Variation der Gehirne erklärt auch, warum Menschen sich so dramatisch in ihren Gefühlen und Reaktionen unterscheiden. Beobachten Sie mal Fluggäste in der Wartezone am Abflugsteig. Gerade hat das Bodenpersonal eine Durchsage gemacht, dass die Maschine einen technischen Defekt hat und unklar ist, ob sie überhaupt starten kann. Man bemühe sich, heißt es, um einen Ersatz, aber es werde mindestens zwei Stunden dauern. Nur Sekunden nach der Ansage rennt ein Passagier zum Schalter und macht lautstark seinem Unmut Luft. Er habe einen wichtigen Termin, ruft er so laut, dass alle es hören, und müsse hier unbedingt weg. Ein anderer zieht sofort das Mobiltelefon aus der Tasche und beschimpft seine Sekretärin, warum sie bei dieser unmöglichen Airline gebucht habe. Andere bleiben ruhig sitzen und tippen ungerührt weiter in ihren Laptop oder gehen an die Bar und bestellen einen Drink.

Wie wir mit Stress umgehen, hängt entscheidend

davon ab, wie unser Gehirn verdrahtet ist. Die Flug-verspätung ist ein harmloses Beispiel aus dem Alltag, es gibt aber grundlegende Erfahrungen, die unser Stresslevel beziehungsweise die Resilienz, unsere Widerstandskraft gegen Belastungen, bestimmt. Besonders übel sind Misshandlungen im Kindesalter. Sie führen fast immer zu dauerhaften Traumatisierungen. Trotzdem gibt es Kinder, die – obwohl sie regelmäßig von ihren Müttern geschlagen oder von ihren Vätern missbraucht worden sind – später ein relativ normales Leben führen. Sie finden einen Job, einen Partner, gründen eine Familie. Doch die meisten werden ängstlich, misstrauisch, depressiv. Sie erholen sich nie von den schlimmen Erlebnissen in ihrer Kindheit, und dauerhaftes Glück bleibt für sie ein Fremdwort.

Der persönliche Stil

So unterschiedlich unsere Gehirne sind, so unterschiedlich sind unsere Gefühlsmuster. Der US-Psychologe Richard Davidson von der University of Wisconsin-Madison spricht von einem »emotionalen Profil«, das sich auch in einem unterschiedlichen Gehirnmuster äußert, wie wir noch sehen werden. Zum Beispiel kann die Aktivität im Stirnbereich, wo Gefühle wie Glück oder Angst verarbeitet werden, bei einer Person bis zu 30-mal stärker ausgeprägt sein als bei einer anderen.

In der Psychologie gibt es viele unterschiedliche Konzepte von Gefühlen allgemein und von Glücksempfinden insbesondere. Eines davon haben Sie bereits im ersten Kapitel kennengelernt, den Begriff PERMA, der die Faktoren beschreibt, die den Menschen glücklich machen (Pleasure, Engagement, Relationships, Meaning, Accomplishments – also Vergnügen, Engagement, soziale Beziehungen, Bedeutung und das Erreichen von Zielen). Der Wirtschaftswissenschaftler und Glücksforscher Lok Sang Ho von der Lingnan University in Hongkong hat das sogenannte LIFE-Konzept geprägt. LIFE steht für Love, Insight, Fortitude und Engagement (Liebe, Einsicht, innere Stärke und Bindung). Für Ho ist Glücksempfinden stark von diesen vier Eigenschaften abhängig, die er auch »geistiges Kapital« nennt. Je mehr geistiges Kapital eine Person besitze, umso glücklicher könne sie sein.

Beide Konzepte decken sich zumindest teilweise mit den fünf Merkmalen aus der Persönlichkeitspsychologie, auch die Big Five genannt: Offenheit für neue Erfahrungen oder Aufgeschlossenheit, Gewissenhaftigkeit, Extraversion oder Geselligkeit, Verträglichkeit oder Kooperationsbereitschaft und Neurotizismus. Letztere Eigenschaft könnte man auch als emotionale Labilität und Verletzlichkeit bezeichnen.

Diese fünf Merkmale haben Forscher bereits in den 1930er-Jahren entwickelt und sie gelten heute als das Standardmodell der Persönlichkeitsforschung. Jeder Mensch lässt sich demzufolge auf diesen Skalen einordnen. Wir tun das auch oft unbewusst, wenn wir Menschen als schüchtern, ängstlich, geduldig, optimistisch oder pessimistisch beschreiben.

Egal, welches Modell und welche Merkmale man benutzt, bei jedem Menschen sind sie anders ausgeprägt, jeder hat seinen individuellen Stil. Welche einzelnen Persönlichkeitsmerkmale dominieren, also welchen emotionalen Stil jemand hat, das entscheiden zum Teil die Gene. Aus der Zwillingsforschung – genauer gesagt aus dem Vergleich zwischen ein- und zweieiigen Zwillingen – kann man den Anteil abschätzen, den das Erbgut im Vergleich zu Umwelteinflüssen hat. Demnach sind die Gene zu 20 bis 60 Prozent an den Persönlichkeitsmerkmalen beteiligt. Anders gesagt: Welchen emotionalen Stil wir pflegen, hängt – je nach Merkmal – zu einem Fünftel bis zu knapp zwei Drittel von unserem Erbgut ab.

Ein Fünftel bis zwei Drittel ist eine sehr breite Spanne. Es ist so, als wenn man Menschen fragen würde, was sie verdienen, und sie sagen würden: Mein Gehalt liegt irgendwo zwischen 2000 und 6000 Euro. Dann wissen wir noch nicht, ob diese Person sich ein Haus und ein Auto leisten und obendrein oft verreisen kann oder ob sie vielmehr sparen muss. Doch auch wenn man genau wüsste, wie hoch der genetische Anteil einer Eigenschaft oder einer Krankheit ist, würde diese Erkenntnis nicht viel bringen. Sie bleibt eine statistische Aussage. Sagen wir zum Beispiel, 40 Prozent sind genetisch bedingt, dann heißt das nur, dass man 40 Prozent der Unterschiede bei der Persönlichkeit von zwei Menschen mit ihrem Erbgut erklären kann.

Aber welche Gene genau am Glücksempfinden beteiligt sind, ist damit noch nicht gesagt.

»Wissenschaftler entdecken erste Gene für Wohlbefinden, Depression und Neurotizismus«, lautete 2016 eine Schlagzeile. Eine internationale Gruppe, an der auch Forscher des Berliner Max-Planck-Instituts für

Bildungsforschung beteiligt waren, hatte herausgefunden, dass drei Varianten eines bestimmten Gens im Zusammenhang mit Wohlbefinden stehen. Anders gesagt: Sie haben erkannt, dass Menschen, bei denen diese Genvarianten im Erbgut vorkommen, statistisch gesehen eher zufrieden sind als andere. Mehr nicht. Mit Sicherheit wird man noch andere Genschnipsel finden, bei denen es irgendeine Beziehung zu häufigen Glücksgefühlen gibt, wenn man danach sucht. Die entdeckten Genvarianten sind jedoch bestimmt nur zu einem Bruchteil für das Wohlbefinden verantwortlich. Denn selbst wenn das Erbgut einen großen Einfluss darauf haben sollte, wie zufrieden oder wie unglücklich wir uns fühlen, sind wir keinesfalls Opfer unserer Gene. Die Versuche mit den neurotischen Ratten von Michael Meaney haben gezeigt, dass das Umfeld ganz wesentlich daran beteiligt ist, ob oder wie sehr sich eine genetische Eigenschaft bemerkbar macht. Von einigen wenigen Erbkrankheiten abgesehen, die sich rein genetisch übertragen, ist die Umwelt immer auch im Spiel – und das ist beruhigend. Unser Schicksal liegt eben nicht nur in unseren Genen.

Lange Zeit haben Psychologen sich bei der Erforschung des Glücks wenig um die neuronalen Vorgänge gekümmert, die im Gehirn ablaufen, wenn wir ängstlich sind, traurig oder glücklich. Tatsächlich war es auch schwierig, das herauszufinden, denn die ersten Bilder aus dem Inneren des Gehirns waren zu ungenau, um die Orte für Emotionen auszumachen. Der bereits erwähnte US-Psychologe Richard Davidson hat sich als einer der Ersten damit beschäftigt, wie das

Gehirn Gefühle verarbeitet, und so eine Brücke zwischen der traditionellen Glücksforschung und der Gehirnforschung geschlagen.

Aus dem, was man über die Verarbeitung von Gefühlen im Gehirn weiß, hat Davidson sechs Dimensionen des emotionalen Stils entworfen. Sie ähneln den Big Five, den fünf Persönlichkeitsmerkmalen, sind aber anders definiert und beruhen, wie wir noch sehen werden, auf neuronalen Aktivitätsmustern. Es sind erstens die Resilienz, also die Fähigkeit, sich von belastenden Erlebnissen zu erholen. Resilienz hängt sehr stark damit zusammen, wie unser Gehirn Stress verarbeitet. Manche Menschen stecken Schicksalsschläge wie den Tod eines geliebten Angehörigen relativ leicht weg, andere leiden darunter jahrelang. Die zweite Dimension nennt Davidson die Grundeinstellung, das heißt, wie positiv oder negativ man eingestellt ist beziehungsweise wie leicht es gelingt, eine positive Emotion zu halten. Jeder von uns bekommt immer wieder die Widrigkeiten des Lebens zu spüren. Mal ist es ein nerviger Chef, mal haben wir auf dem Weg in den Urlaub eine Autopanne. Wenn diese Panne den gesamten Urlaub vermiest, weil man ständig daran denkt, wie teuer die Reparatur gewesen ist, dann ist das ein untrügliches Zeichen dafür, dass wir uns schwertun, positive Emotionen aufzubauen und zu bewahren, und dass stattdessen die negativen häufig überhandnehmen.

Die dritte Dimension ist die soziale Intuition, also die Fähigkeit, die Signale der Mitmenschen zu empfangen und ihre Emotionen zu interpretieren. Dabei muss man oft subtile Dinge wie Körpersprache oder

Anspannung deuten können. Viertens ist auch die Selbstwahrnehmung wichtig. Dabei geht es darum, wie genau man seine eigenen Gefühle erkennt. Wer nicht merkt, wenn er ängstlich oder eifersüchtig ist, kann sich auch nicht angemessen verhalten.

Die fünfte Dimension ist laut Davidson die Kontextsensibilität, das heißt die Fähigkeit, das Verhalten an den sozialen Zusammenhang anzupassen. Wer seinem Chef einen zotigen Witz erzählt, hat wahrscheinlich ein Problem mit der Einschätzung sozialer Situationen. Und schließlich, sechstens, die Aufmerksamkeit, also die Fähigkeit, sich auf Aufgaben und Situation zu konzentrieren. Wer das nicht kann, hat auch Schwierigkeiten, ein Projekt zu Ende zu führen.

Was diese sechs Eigenschaften mit Glück und Zufriedenheit zu tun haben? Nicht jede dieser Dimensionen trägt gleich viel zu unserem Wohlbefinden bei. Aber besonders wichtig sind Resilienz und die Grundeinstellung. Denn wer nicht mit Stress umgehen kann oder sich von negativen Gefühlen überrollen lässt, hat schlechte Aussichten, sich wohlzufühlen oder sogar glücklich zu sein. Werfen wir einen Blick ins Gehirn, um zu sehen, was sich bei diesen beiden für unser Wohlbefinden besonders wichtigen Dimensionen abspielt.

In Kapitel 2 haben wir die Amygdala oder den Mandelkern kennengelernt: zwei Ansammlungen von Nervenzellen von der Größe jeweils einer Mandel, die im Schläfenlappen liegen. Die Amygdala ist ganz wesentlich daran beteiligt, emotionale Situationen zu bewerten und Gefahren zu analysieren. Zwischen der Amygdala und bestimmten Bereichen des präfrontalen Kortex – also der Hirnrinde hinter der Stirn – verlaufen große Bündel von Nervenfasern. Diese Verbindung besteht nicht ohne Grund: Insbesondere der linke präfrontale Kortex sendet Signale an die Amygdala und hemmt ihre Aktivität. Er dämpft sie gewissermaßen, und das führt dazu, dass man sich nach emotional belastenden Erlebnissen schneller wieder erholt. Genau das bedeutet Resilienz: die Fähigkeit, sich zu erholen und Widerstandskraft gegenüber negativen Emotionen zu entwickeln. Wer dagegen weniger Verbindungen zwischen präfrontalem Kortex und Amygdala besitzt, bleibt länger im Zustand einer emotionalen Erregung und ist weniger resilient.

Auch die Grundeinstellung, mit der wir durchs Leben gehen, lässt sich im Gehirn festmachen. Richard Davidson und sein Team haben Versuchspersonen gebeten, an einem Experiment teilzunehmen. Sie lagen dabei in einer Kernspinröhre und bekamen Fotos von glücklichen Menschen gezeigt: eine strahlende Mutter mit ihrem Baby auf dem Arm, tobende, lachende Kinder oder zufrieden wirkende Menschen, die an einem reich gedeckten Tisch mit lecker aussehenden Speisen sitzen. Die Probanden sollten sich mithilfe der Fotos in eine positive Stimmung versetzen und versuchen, diese möglichst lange aufrechtzuerhalten.

Das gelang den gesunden Versuchspersonen auch sehr gut. Es gab allerdings eine zweite Kontrollgruppe von Menschen, die unter Depressionen litten. Beim ersten Anblick der Fotos leuchtete zwar auch bei ihnen – so wie bei der ersten Gruppe – das Belohnungssystem auf.

Doch während die gesunden Teilnehmer im Verlauf

des gesamten Versuchs positiv gestimmt blieben, verschwand die gute Laune bei den depressiven Probanden bald wieder. Sie konnten die positiven Gefühle nicht aufrechterhalten, obwohl die Wissenschaftler ihnen erklärt hatten, mit welchen Tricks sie das schaffen könnten. Wie in Kapitel 3 beschrieben, besteht das Belohnungssystem aus einem Bereich im präfrontalen Kortex und dem Nucleus accumbens, einer Gruppe von Nervenzellen im sogenannten Striatum, die den Botenstoff Dopamin ausschütten. Der Nucleus accumbens ist ganz wesentlich daran beteiligt, dass wir positive Gefühle, Motivation und Lust verspüren. Vermutlich gelang es dem präfrontalen Kortex der Probanden nicht, dem Nucleus accumbens die Botschaft zu übermitteln, weiterhin positiv zu denken.

Es ist, als ob die Signale des Stirnhirns, das beschlossen hat, glücklich zu sein, nicht dort ankommen, wo mittels des Botenstoffs Dopamin das Glücksgefühl erzeugt wird. Was genau im Gehirn passiert, wenn wir zu Depressionen neigen, darüber mehr in Kapitel 6.

Neben Resilienz und Grundeinstellung trägt auch die soziale Intuition ganz entscheidend zu Glück und Zufriedenheit bei. Wer die eigenen Gefühle und die seiner Mitmenschen erkennt, kann sich besser auf schwierige Situationen einstellen oder diese meistern. Der Mensch ist zuallererst ein soziales Wesen und lebt auch von den Kontakten zu seinen Mitmenschen. Sehr viele Studien haben herausgefunden, dass funktionierende Beziehungen ganz wesentlich für das Glücksempfinden sind. Und wem es nicht gelingt, zu erkennen, wie es anderen geht, der hat auch Probleme damit, stabile, befriedigende Beziehungen aufzubauen.

Es gibt Kinder und Erwachsene, die sich dabei besonders schwertun: Das sind Menschen, die an einer autistischen Störung leiden. Autismus ist eine rätselhafte Gehirnerkrankung, die einen von hundert Menschen trifft. Vermutlich handelt es sich – nein, nicht um die Folge von Impfungen, wie Impfskeptiker meinen – um eine Entwicklungsstörung des Gehirns. Es gibt die Krankheit in vielen Ausprägungen, aber den Betroffenen ist gemeinsam, dass sie Probleme haben, anderen in die Augen zu sehen. Vermutlich ist diese Abneigung gegen Augenkontakt auch die Ursache dafür, dass sie Defizite bei sozialen Kontakten haben. Der Mensch ist nicht nur ein soziales, sondern auch ein visuell veranlagtes Wesen. Über den Blickkontakt vergewissern wir uns, ob wir es mit einem Freund oder einem Feind zu tun haben. Wer anderen nicht in die Augen schauen kann, gilt schnell als verlogen und hinterhältig, im besten Fall nur als merkwürdig.

Studien deuten darauf hin, dass Menschen mit Autismus ungewöhnliche Aktivitätsmuster in mindestens zwei Bereichen ihres Gehirns haben: im sogenannten Gyrus fusiformis, einem Bereich der Sehrinde, der auf die Erkennung von Gesichtern spezialisiert ist. Dort sind ihre Nervenzellen weniger aktiv. Im Gegensatz dazu ist die Amygdala, von der wir schon wissen, dass sie Emotionen verarbeitet, besonders aktiv. Genau umgekehrt verhält es sich bei sozialen Genies, den Menschen, die mühelos jede Regung ihres Gegenübers erkennen und äußerst sensibel darauf reagieren: Bei ihnen arbeitet der Gyrus fusiformis sehr effizient, während die Amygdala sich ruhig verhält.

Resilienz, Grundeinstellung, soziale Intuition – das

sind also wichtige Ingredienzien für unser Glücksver-
mögen. Doch wir bekommen davon unterschiedlich
viel in die Wiege gelegt und ein Teil der Persönlichkeit
ist durch das Erbgut festgeschrieben.

Das Geheimnis der Gene

Eines der größten Wunder der Natur ist, dass Menschen alle unterschiedlich aussehen – obwohl ihr Erbgut zu 99,9 Prozent übereinstimmt. Der wichtigste
Grund dafür ist, dass das Erbmaterial aus drei Milliarden von sogenannten Basen, also speziellen Eiweißmolekülen, besteht. Es gibt also fast unendlich viele
Kombinationen, wie sie sich anordnen können, und
damit fast unendlich viele Varianten des Erbguts. Deshalb können schon 0,1 Prozent Unterschied zwischen
zwei Menschen ganz schön viel ausmachen. Hinzu
kommt noch der Einfluss der Umwelt: Gen ist eben
nicht gleich Gen, denn unser Milieu bestimmt, ob und
welche Abschnitte der Erbsubstanz tatsächlich aus-
gelesen und in Proteine übersetzt werden. Auf diese
Weise können fast unendlich viele verschieden aus-
sehende Menschen zur Welt kommen. Die Nase ist
mehr oder wenig stark gekrümmt, die Stirn ist etwas
höher oder niedriger, die Augen sind blau statt braun,
die Haare lockig statt glatt. Diese Äußerlichkeiten fallen uns sofort auf. Doch so wie Gesicht und Körper-
bau variieren, so unterscheiden sich auch die Gehirne
mit ihren 100 Milliarden Nervenzellen und Billionen
von Verknüpfungen. Entsprechend vielfältig sind die

Persönlichkeiten und die Einstellungen. Jeder Mensch ist einmalig. Und jeder Mensch empfindet anders. Was uns glücklich und zufrieden macht, ist also höchst individuell.

Und es ändert sich im Laufe des Lebens. Wir machen neue Erfahrungen, wir lernen dazu, wir treffen Menschen, die unser Leben verändern. Wenn jemand sagt »Tut mir leid, ich bin einfach jähzornig, alles bringt mich auf die Palme« oder »Ich bin ängstlich, ich kann nichts dagegen tun«, dann ist das eine fade Ausrede. Der emotionale Stil kann sich durchaus ändern: Unsere Widerstandskraft, die Resilienz etwa, kann zunehmen so wie auch die Grundeinstellung, also wie positiv wir das Leben nehmen und dementsprechend wie leicht wir zufrieden und sogar glücklich sind.

Richard Davidson hat untersucht, wie sich die Persönlichkeit bei Kindern ändert. Zunächst war der Psychologe davon überzeugt, dass der emotionale Stil den Menschen angeboren ist. Noch in den 1980er-Jahren glaubte Davidson, dass es festgeschrieben sei und weitgehend unverändert bliebe, wie ängstlich oder belastbar wir sind. Doch dann machte er über mehrere Jahre hinweg Verhaltensexperimente mit Kindern – und dem Roboter Robie.

Dabei spielten dreijährige Kinder in einem Zimmer mit Bauklötzen, Puppen und Lastwagen. Ihre Mütter füllten in dieser Zeit Fragebögen aus, in denen sie die Charaktereigenschaften ihrer Kinder beschreiben sollten, also wie ängstlich, fröhlich oder schüchtern sie waren. Nach einiger Zeit öffnete sich die Tür und Robie rollte herein. Er war ferngesteuert und konnte den Mund bewegen und ein paar einfache Sätze sagen wie »Ich bin Robie und will mit dir spielen.« Das war wohlgemerkt 1988 und Roboter waren damals eher selten. Die meisten kleinen Probanden hatten noch nie so etwas gesehen.

Die Kinder reagierten völlig unterschiedlich. Die einen liefen auf Robie zu, lachten, fassten ihn an und sprachen mit ihm. Andere blieben einfach sitzen und spielten weiter. Und manche erstarrten und wirkten regelrecht eingeschüchtert. Sechs Monate später nahmen die Wissenschaftler von allen Kindern ein Elektroenzephalogramm (EEG) des Gehirns im Ruhezustand auf. Ein Teil der Kinder blieb für ein paar Jahre im Versuchsteam und kam mit sieben und mit neun Jahren wieder ins Labor. Für Robie waren sie jetzt zu alt, stattdessen war der Versuch ein anderer: Ein Doktorand, also ein fremder Mann, saß im Zimmer und trug dabei eine Wolfsmaske. Außerdem durften die Kinder in ein anderes Zimmer mit Spielzeug: einem Kriechtunnel, einem Balken zum Balancieren und einer Gorillamaske auf einem Ständer. Die Kinder wurden beobachtet und außerdem machten die Forscher später wieder ein Ruhe-EEG.

Die Ergebnisse überraschten die Wissenschaftler, damit hatten sie nicht gerechnet. Zwischen dem Verhalten mit drei, sieben und neun Jahren gab es keinen Zusammenhang. Kinder, die zunächst ängstlich gewesen waren, verhielten sich später wie kleine Draufgänger: Sie rissen dem Doktoranden die Maske vom Kopf oder balancierten unerschrocken auf dem Holzbalken. Andere, die als Kleinkinder sofort mit Robie gespielt hatten, waren jetzt schüchtern und probierten nichts in dem Spielzimmer aus. Die Forscher hatten

die Kinder zu Beginn des Versuchs in Persönlichkeits-
gruppen eingeteilt, und von den Neunjährigen waren
zwei Drittel in einer anderen Gruppe, als sie es mit
drei Jahren gewesen waren. Auch die Hirnströme der kleinen Probanden hatten
sich verändert. Schon zu Beginn der Versuchsreihe
hatten die Forscher festgestellt, dass bei den Kindern,
die besonders mutig auf Robie zugingen, die linke
Seite des präfrontalen Kortex aktiver war als die
rechte. Dieses Muster blieb über die Jahre erhalten:
Wer offen für neue Eindrücke blieb, hatte auch mit
neun Jahren mehr Aktivität im linken präfrontalen
Kortex als im rechten. Bei denjenigen aber, die sich
von einem Draufgänger zu einem Angsthasen entwickelt hatten, veränderte sich das EEG. Bei ihnen war
der rechte präfrontale Kortex aktiver.

Die gute Nachricht dieser Versuche ist, dass unsere
Persönlichkeit nicht in Stein gemeißelt ist. Kinder, die
extrem ängstlich und schreckhaft sind, müssen nicht
zwangsläufig als Erwachsene neurotisch und depressiv sein. Man kann Kindern zum Beispiel beibringen,
auf andere zuzugehen und mit ihnen zu sprechen. Und
die impulsiven Draufgänger können üben, ruhig zu
sitzen und sich auf eine Aufgabe zu konzentrieren.
Beide Persönlichkeitsextreme haben das Potenzial,
ausgeglichener und damit auch zufriedener und glücklicher zu werden. Wie das geht, schildert Kapitel 8.

Sport macht glücklich

Es wäre nun wunderbar, wenn es eine Formel gäbe, mit der man aus den Persönlichkeitsmerkmalen oder den emotionalen Stilen das Glücksempfinden berechnen könnte. Also so etwas wie Glück = A mal Resilienz + B mal Maß an positiver Grundeinstellung + C mal soziale Intuition ... Aber wie wichtig die einzelnen Bausteine sind, weiß niemand, daher sind auch A, B und C unbekannt. Und deshalb lässt sich auch keine Formel aufschreiben, mit der sich das persönliche Glückslevel berechnen lässt. Man kann nur sagen: Jeder Mensch ist mit einer gewissen Basis an Glücksempfinden ausgestattet, das von den Genen, den Umständen und dem eigenen Verhalten abhängt.

Manche Menschen brauchen einen gewissen Kick, ein kleines Abenteuer, etwas Außergewöhnliches, um ein Glücksgefühl zu verspüren. Andere sind schon zufrieden, wenn sie gemütlich zu Hause an einem gedeckten Tisch im Kreis ihrer Familie sitzen. Die Bandbreite ist so riesig wie die Variation unserer Gehirne.

Allerdings gibt es durchaus ein paar Dinge, die fast alle Menschen glücklich oder zumindest zufrieden machen. Wie stark das Glücksgefühl ist, das sie dabei empfinden, ist individuell unterschiedlich, aber das Gehirn begibt sich fast immer in einen Zustand der Zufriedenheit. Dazu gehören Grundbedürfnisse wie Essen oder Sex, aber auch Sport oder Urlaub und nicht zuletzt soziale Beziehungen. Fast immer wird dabei das Belohnungssystem im Gehirn aktiviert.

Beispiel Sport: Klar, wer Übergewicht hat und überhaupt nicht fit ist, für den ist eine Runde Jogging im Park kein Vergnügen. Er oder sie wird es vermutlich gar nicht erst versuchen. Doch jeder, der halbwegs in Form ist, weiß, dass Laufen oder ein paar Bahnen schwimmen die Stimmung hebt. Viele Studien zeigen, dass sich selbst Menschen, die nur wenig trainieren, anschließend besser fühlen als Sportmuffel. Länger andauerndes Training wie sechs Wochen lang täglich eine Stunde Radfahren oder eine halbe Stunde Krafttraining können sogar Patienten helfen, die unter Angststörungen leiden. Die körperliche Aktivität verringert bei ihnen die Anspannung und den Stress. Auch bei Menschen mit Depression oder Schizophrenie können Sporttherapien das Leiden lindern.

Vermutlich hat auch bei ihnen die körperliche Bewegung positive Auswirkungen, indem sie den Stress verringert. Zumindest deuten darauf Versuche mit Mäusen hin. Forscher des National Institute of Mental Health in Bethesda bei Washington, D.C. haben eine aggressive und eine scheue Maus zusammen in einen Käfig gesetzt. Die angriffslustige Maus machte sich sofort über das andere Tier her, das sich nach einer Weile in eine Ecke kauerte. Konnte sich die unterlegene Maus vorher in einem Laufrad austoben, so war sie dem Stress besser gewachsen. Sie reagierte zwar noch immer ängstlich, erholte sich aber schneller von den Angriffen. Die Bewegung hilft also den Tieren, Widerstandskraft zu entwickeln. Bei den trainierten, stressresistenten Nagern waren übrigens der präfrontale Kortex und die Amygdala besonders aktiv, beides Regionen, die, wie bereits geschildert, daran beteiligt sind, Emotionen zu verarbeiten.

Viele Menschen verbinden heute Glück und Zufriedenheit mit einem schönen Abendessen mit Freunden, der Wanderung mit dem Partner oder dem Familienurlaub am Meer. Tatsächlich kommt eine ganze Reihe psychologischer Studien zu dem Ergebnis, dass Dinge, die wir erleben, uns glücklicher machen als Dinge, die wir besitzen. Das ist erst einmal paradox, denn eine Uhr oder ein Auto gehört uns länger, als ein Bungee-Sprung dauert oder ein Wochenende in Paris. Trotzdem wirkt das Sein stärker als das Haben. US-Psychologen befragten Studenten, nachdem sie mehr als 100 Dollar entweder für einen Gegenstand oder eine Unternehmung ausgegeben hatten, wie etwa einen schönen Restaurantbesuch oder einen Konzertabend. Die Erlebniskäufer waren überzeugter als die anderen, dass sie ihr Geld gut investiert hatten. Außerdem machte sie die Erinnerung an das Erlebte zufriedener als ihre Kommilitonen, die sich etwas gekauft hatten.

»Erleben ist das neue Besitzen«, hieß es kürzlich auch in der *Süddeutschen Zeitung*. Besitz sei nicht mehr sexy, weil alles im Internet verfügbar sei. Es könnte also sein, dass wir tatsächlich von der Konsum- zur Erlebnisgesellschaft mutieren, wobei allerdings der angesagte Gleitschirmsprung, der Restaurantbesuch mit Theateraufführung oder der Besuch der Indoor-Surfanlage auch eine Art von Konsum und Statussymbol sind. Aber warum ist es so, dass Erlebnisse glücklicher machen als Besitz?

Psychologen führen es größtenteils auf die Erinnerungen zurück, die wir durch Erlebnisse gewinnen. Gegenstände verändern sich nicht, und wir gewöhnen uns rasch an die neue goldene Uhr oder das schicke Rennrad. Aber Erinnerungen bleiben uns erhalten, manchmal verändern sie uns und wir können sie sogar positiv uminterpretieren. Wenn wir Freunden von dem Marsch auf den Dreitausender erzählen, dann können wir das Erlebnis im besten Licht schildern. Und tatsächlich neigt unser Gehirn dazu, die negativen Seiten, also die anstrengenden letzten 200 Höhenmeter, zu vergessen. Auch den Urlaub verklären wir gerne und vergessen, dass die Ferienwohnung zu klein, das Essen zu teuer und der Strand zu voll war.

Wir alle streben nach Glück und Zufriedenheit – das ist ganz normal. Es fühlt sich gut an, wenn unser Belohnungsnetzwerk im Gehirn anspringt und signalisiert: Du hast erreicht, was du wolltest, und du bist glücklich. Bei manchen Menschen passiert das schneller als bei anderen. Ihnen reichen kleine Erfolge im Job, eine gute Partnerschaft, ein Stück Schokolade oder auch eine Runde Joggen, um ihr Gehirn und ihren Körper in einen ausgeglichenen Zustand zu versetzen. Andere dagegen brauchen mehr, sie sind ehrgeiziger, sie setzen sich hohe Ziele. Wichtig ist, sich selbst klarzumachen, was man vom Leben erwartet und warum. Dann ist es leichter, mit der Enttäuschung umzugehen, wenn wir Ziele nicht gleich erreichen und das Glück auf sich warten lässt.

Es gibt aber auch Menschen, die ein starkes, fast unüberwindbares Verlangen nach dem Erlebniszustand des Glücks haben. Sie brauchen dieses Glück hier, jetzt und sofort. Bei ihnen ist das Verlangen so stark, dass sie ihm alles unterordnen. Sie sind süchtig, etwa nach Alkohol, Heroin oder nach Computerspielen. Wann und warum jemand süchtig wird, darum geht es im nächsten Kapitel.

Auf einen Blick

- Jedes Gehirn ist einzigartig und ein Produkt von Genen und Erfahrungen. Deshalb sind auch unsere Erwartungen und unser Glücksempfinden einzigartig.
- Wie wir mit Stress umgehen, hängt ganz entscheidend von der Verdrahtung unserer Nervenzellen ab. Jeder Mensch hat einen individuellen emotionalen Stil.
- Wie leicht oder schwer wir Glück und Zufriedenheit empfinden, hängt stark von Persönlichkeitsmerkmalen wie Resilienz, unserer Grundeinstellung und unserer sozialen Intuition ab.
- Die Persönlichkeit wird von Genen mitbestimmt, aber sie ändert sich im Laufe des Lebens.

5 Sucht – die verzweifelte Suche nach dem Hoch

Karl ist 41 Jahre alt und trinkt schon seit vielen Jahren regelmäßig größere Mengen Alkohol. Angefangen hatte es recht harmlos mit sechzehn, als er mit seinen Freunden Bier und Schnaps probierte und feststellte, dass er recht große Mengen vertrug. Bei der Bundeswehr war er der König, weil er praktisch jeden unter den Tisch trinken konnte. Nach Abitur und Armee studierte er Volkswirtschaft und trat einer Studentenverbindung bei. Da dort viel getrunken wurde, fielen weder sein regelmäßiger Alkoholkonsum noch seine gelegentlichen Exzesse am Wochenende weiter auf. Dann trat Antje in sein Leben, eine junge, lebendige Frau, die ihn sehr anzog. Sie studierte Kunstgeschichte und beide verstanden sich auf Anhieb sehr gut. Der einzige Punkt, den Antje an Karl nicht verstand und der sie auch unglücklich machte, war, dass er so viel trank. Da er jedoch so viele andere gute Eigenschaften hatte – er war in der Regel fröhlich und gut drauf, war sportlich und spielte sehr gut Gitarre –, hielt sie es aus. Karl merkte zu diesem Zeitpunkt bereits, dass er die Promille brauchte. Er brauchte sie einerseits, um »runterzukommen«, wenn ihn etwas sehr aufregte oder ihm auf die Nerven ging. Gleichermaßen brauchte er den Alkohol, um sich wirklich freuen zu können, etwa nach einer bestandenen Prüfung oder anderen Erfolgen.

Sein Studium ging voran, die Beziehung zu Antje wurde fester und sie heirateten. Zwei Kinder kamen zur Welt, und man konnte den Eindruck haben, Karl habe sein Leben im Griff. Wenn nur nicht der Alkohol gewesen wäre. Beruflich ging es vorwärts, er stieg ins mittlere Management eines internationalen Konzerns auf, was allerdings mit erheblichen Belastungen verbunden war. Darum trank er zusehends mehr, und schließlich kam es nach den Wochenenden auch immer wieder zu Phasen, in denen er nicht mehr arbeiten konnte, weil er zu viel getrunken hatte. Bei Geschäftsessen »musste« er Alkohol trinken, da es ja irgendwie dazugehörte und ihn abgesehen davon auch aufheiterte. Eines Abends fuhr er mal wieder alkoholisiert Auto, wurde von der Polizei angehalten und verlor für ein Jahr seinen Führerschein. Bei einer Routineuntersuchung beim Hausarzt waren seine Leberwerte auffällig, und es kam der Verdacht auf, dass er zu viel Alkohol trinke oder möglicherweise bereits davon abhängig sei.

Karl hatte Glück, denn zu dieser Zeit erlebte ihn ein guter Freund an einem Nachmittag im Büro bereits deutlich angetrunken und stellte ihn zur Rede. In einem sehr emotionalen Gespräch machte er ihm klar, dass er alkoholabhängig sei. Karl ließ der Gefühlsausbruch seines Freundes zunächst merkwürdig unberührt. Er ahnte zwar, dass er ein Alkoholproblem hatte, aber es fehlte ihm die Kraft, sich dies einzugestehen. Erst als einige Wochen später seine Frau auszog und sein Chef ihn vor die Wahl stellte, den Arbeitsplatz zu verlieren oder etwas für seine Gesundheit zu tun, war Karl so weit, dass er sich zu einer Entgiftungsbehandlung durchringen konnte. Die Kur war anstrengend, aber erfolgreich. Karl hielt sich für geheilt und er wollte sein altes Leben zurück. Doch seine Frau weigerte sich, sie blieb mit den Kindern in ihrer neuen Wohnung und bevorzugte es, die Trennung fortzusetzen. Sein Arbeitgeber war immerhin fürs Erste zufrieden, und so schien zumindest ein Teil seiner alten Welt gerettet zu sein.

Als allerdings sein älterer Sohn kurz danach einen schweren Motorradunfall hatte, fiel Karl bereits am Abend dieses Tages in sein altes Verhaltensmuster zurück: Er begann wieder zu trinken und meldete sich den Rest der Woche nicht am Arbeitsplatz zurück. Sein Chef wollte ihm eine letzte Chance geben, aber dieses Mal musste er zu mehr bereit sein als nur zu einer 14-tägigen Entgiftung. Karl begann eine Entwöhnungstherapie, und in der Klinik machte man ihm klar, dass er bereits eine beginnende Leberzirrhose hatte. Am Krankenbett des Sohnes traf er seine Frau; der Unfall und die Sorge um das gemeinsame Kind brachten das Paar wieder zusammen. Karl bekam von seiner Frau eine zweite Chance und der Arbeitgeber gab ihm eine letzte.

Bei etwa einem Drittel der Alkoholabhängigen sind die Konsequenzen deutlich dramatischer als bei Karl. Freunde und Familie wenden sich von den Betroffenen oft auf Dauer ab, weil sie die Alkoholexzesse, die auch häufig mit Persönlichkeitsveränderungen und Aggressivität gepaart sind, nicht mehr ertragen. Arbeitgeber hingegen bemerken das Problem oft nicht oder schauen gerne darüber hinweg. Häufig fallen Aussagen wie »Hat denn nicht jeder ein kleines Alkoholproblem?« oder »Alkohol schützt die Gefäße«, und damit scheint alles gesagt und es wird kein weiterer Handlungsbedarf gesehen. Doch erst wenn Kollegen und Vorgesetzte das auffällige Trinkverhalten, die veränderten Verhaltensweisen und das Aussehen konsequent ansprechen, kann das den Betroffenen helfen, ihre Situation zu erkennen und entsprechend zu handeln. Denn es gibt nur einen Weg, die Sucht zu überwinden: Zum einen, sich sein Suchtproblem einzugestehen, und zum anderen, nach den Ursachen dafür zu forschen. Beschönigung, Verleugnung und Bagatellisierung sind Bestandteil von Suchterkrankungen, und den meisten Menschen fällt es ausgesprochen schwer, ehrlich zu sich selbst zu sein. Intuitiv wissen sie zwar, dass ihr Verlangen nach Alkohol oder anderen Drogen einen so großen Stellenwert einnimmt, dass alle anderen Werte wie die Liebe zum Partner und zu den Kindern oder Freundschaften dahinter zurückstehen. Erst wenn sich ein Betroffener darüber hinwegsetzen und sagen kann: »Ich bin süchtig«, gibt es einen Weg zurück in ein selbstbestimmtes Leben.

Doch es müssen nicht immer Alkohol sein oder Drogen, die süchtig machen. Immer häufiger sind heute auch Computer beziehungsweise das Internet Auslöser von Abhängigkeit, wobei bislang jedoch wissenschaftlich noch nicht vollständig geklärt ist, ob es sich bei einem exzessiven Spielverhalten wirklich um eine Sucht, also eine eigenständige Erkrankung, handelt oder ob übermäßiges Spielen vielleicht eher ein

Symptom oder Ausdruck einer anderen psychischen Erkrankung (zum Beispiel Angststörung, Depression) ist. Aber gerade von Online-Rollenspielen wird angenommen, dass sie mit einem erhöhten Risiko verbunden sind, ein problematisches Spielverhalten hervorzurufen. Das folgende Beispiel zeigt die Spirale dieser Abhängigkeit.

Johannes ist 24 Jahre alt und ein cleverer, aktiver Bursche. Er ist intelligent, kann Zusammenhänge schnell begreifen und seine große Liebe gehört seinem PC – vor allem den darauf geladenen Spielen. Schon als Jugendlicher hat er angefangen, sich intensiv mit Computern und dem Internet zu beschäftigen. Er kennt sich mit Hard- wie Software aus und programmiert viel. Stundenlang sitzt er vor dem Bildschirm und spielt am Wochenende manchmal die ganze Nacht hindurch. Auch unter der Woche verbringt er täglich zwölf und mehr Stunden am PC. Inzwischen hat er keine echten Freunde mehr, sondern nur noch die im Netz. Seine Freundin hat ihn verlassen, nachdem sie gemerkt hat, dass Johannes immer wieder im Internet nach pornografischen Filmen sucht und ihn das mehr antörnt als der Sex mit ihr.

Als Jugendlicher hat Johannes Fußball gespielt und viele Freunde gehabt. Weil er ein guter Schüler war und insbesondere Mathematik ihm leichtfiel, war klar, dass er Informatik studieren würde. Allerdings erwies sich das Studium als schwieriger als erwartet. Die mathematischen Bestandteile überfordern ihn, sodass er nur einen Teil der für das Informatikstudium relevanten Scheine absolviert und sich stattdessen noch intensiver seinem PC widmet.

Eines Tages geht sein Computer kaputt, und er merkt, wie schlecht es ihm damit geht, obwohl es nur einen halben Tag dauert, bis er ein neues Gerät hat. Zu dem Zeitpunkt wird ihm klar, dass er nur noch am Computer zufrieden und glücklich sein kann. Die reale Welt befriedigt ihn nicht, sie hat ihm eigentlich nie wirklich Freude gebracht und Zuflucht gegeben. Mit dem Internet und insbesondere den Computerspielen war es von Beginn an anders: Hier fühlt er sich glücklich und zufrieden.

Irgendwann später trifft er seine ehemalige Freundin. Sie sagt ihm ganz unverblümt, dass er schlecht aussehe und jeder darüber spreche, wie computersüchtig er sei. Das ist für ihn zwar ein schwerer Schlag, aber gleichzeitig auch der beste Grund, wieder im Netz abzutauchen. Schließlich sind es seine Eltern, zusammen mit seiner Exfreundin, die ihn massiv mit seiner Abhängigkeit konfrontieren und auf das Therapieangebot einer psychiatrischen Klinik hinweisen. Hier lernt er Gleichgesinnte mit ähnlichen Problemen kennen und beginnt zu lernen, mit seiner Sucht umzugehen, um schrittweise wieder ins reale Leben zurückzukommen. Das Entzugsprogramm ohne medikamentöse Behandlung dauert vier bis acht Wochen, so lange muss er sich von seinem Computer komplett verabschieden, um eine neue Perspektive zu bekommen, Sozialkompetenzen zurückzuerlangen und zu lernen, den Computer in Beruf und Alltag (wieder) sinnvoll zu nutzen. Erst hier merkt er, was ihm der Computer, das Internet und die Spiele wirklich geben, nämlich echte Gefühle, und zwar nicht nur die der Freude, sondern auch Gefühle der Traurigkeit. Es ist nicht leicht für ihn, sich einzugestehen, dass er seit Jahren Schwierigkeiten damit hat, in der realen Welt Gefühle zu empfinden und sich mit den Gefühlen seiner Mitmenschen auseinanderzusetzen.

Sowohl Alkohol als auch Computer sind gesellschaftlich höchst etablierte Suchtmittel. Unter einer Alkoholabhängigkeit leiden etwa 3 Prozent der Bevölkerung, und weitere 2 Prozent sind gefährdet, da sie zu viel trinken. Das Verhältnis von Männern zu Frauen liegt nach Angabe der Deutschen Hauptstelle für Suchtfragen bei drei zu eins. Was die Computerspielnutzung betrifft, weisen nach Angaben der Universitätsklinik Charité in Berlin aktuellen Studien zufolge zwischen 3 und 10 Prozent der Spieler ein problematisches Spielverhalten auf.

Was sind die Ursachen dafür, dass jemand abhängig wird, und warum werden manche Menschen abhängig und manche nicht? Beide Patienten, Karl und Johannes, haben Probleme damit, insbesondere unter Stress positive Gefühle zu empfinden. So will sich auch nach einem langen, erfolgreichen Arbeitstag nicht so richtig Zufriedenheit einstellen, obwohl der Tag gut gelaufen ist. Die Gedanken an den Job und an unerledigte Aufgaben wollen einfach nicht weichen, ein Gefühl der Unruhe und der Unzufriedenheit macht sich breit. Erst Alkohol oder die Beschäftigung mit dem Computer lässt sie runterkommen und entspannen. Andererseits verspüren sie auch bei Erfolgen oder positiven Impulsen keine echten Gefühle der Freude und des Glücks: Eine gute Note bei einer Prüfung in der Schule oder im Studium, ein Lob des Chefs nach einem erfolgreich abgeschlossenen Projekt oder positive Rückmeldungen im Familien- und Freundeskreis fühlen sich erst dann gut an, wenn sie durch Alkohol verstärkt werden. Wie bereits gezeigt, ist das menschliche Gehirn ein äußerst anpassungsfähiges Organ, das ständig neue Verbindungen und Schaltkreise als Folge neuer oder regelmäßig auftretender Reize bildet. Dies ist die Grundlage für das Lernen und das Gedächtnis – aber auch für das Suchtgedächtnis.

Sucht (heute wird meistens der Begriff Abhängigkeit benutzt) ist das unüberwindbare Verlangen nach einem bestimmten Erlebniszustand wie Glück oder Euphorie. Erst der Genuss einer Droge beispielsweise erzeugt dieses Glücksgefühl, nach dem man sich so sehr sehnt, dass der Möglichkeit, dieses Gefühl zu erleben, vieles andere untergeordnet wird.

In der Psychologie und Psychiatrie unterscheidet man zwischen den folgenden vier Formen von Abhängigkeit: Erstens ein *Abhängigkeitssyndrom durch psychotrope Substanzen* (auch substanzgebundene Abhängigkeit oder stoffliche Abhängigkeit genannt). Hier geht es konkret um Drogen, Alkohol oder Nikotin. Entscheidend ist die sogenannte Toleranzentwicklung, also wie sehr sich der Betroffene an die Substanz gewöhnt hat. Typisch für diese Abhängigen ist, dass sie ein starkes, periodisch oder dauerhaft auftretendes Verlangen verspüren, andere Verpflichtungen oder Aktivitäten immer mehr vernachlässigen sowie teilweise die Kontrolle über sich selbst verlieren und zwanghaft die Substanz ihrer Sucht konsumieren. Eine Substanzabhängigkeit kann unterschiedlich stark ausgeprägt sein, meistens aber entwickeln die Betroffenen eine immer größere Toleranz und benötigen dementsprechend stärkere Dosen. Sie leiden unter körperlichen und psychischen Entzugserscheinungen und oft zerfallen ihre sozialen, beruflichen, materiellen und familiären Werte. Partner und Kinder, also die unmittelbaren Angehörigen, sind meist als Erste von den Folgen des übermäßigen Alkoholkonsums betroffen. Der Partner nimmt den Betroffenen dennoch häufig den Verwandten, Freunden und Bekannten gegenüber in Schutz und versucht dadurch, den Schein einer heilen Familie zu wahren. Mit dem Fortschreiten der Krankheit lässt sich jedoch ein Zerfall der Partnerschaft nicht aufhalten. Wie im Fall von Karl dargestellt, ist der Kranke allmählich nicht mehr in der Lage, Aufgaben und Verpflichtungen wie vor Beginn seiner Krankheit nachzukommen. Ein Teil dieser Aufgaben geht dann an die anderen Familienmitglieder über, die sich nach und nach auch gefühlsmäßig von ihm abwenden. Es ist deshalb nicht verwunderlich, dass die Scheidungsrate bei Ehen mit Alkoholkranken wesentlich höher liegt als bei der übrigen Bevölkerung. In vielen Fällen ist dann die Trennung nicht nur die Folge, sondern auch die Ursache des Fortschreitens des Alkoholismus, und somit ist ein Teufelskreis entstanden.

Als zweite Form der Abhängigkeit gilt der *schädliche Gebrauch von körperlich nicht abhängigkeitserzeugenden Substanzen.* Hier geht es konkret um die Einnahme von bestimmten Arzneimitteln wie Abführmitteln, Schmerzmitteln oder Psychopharmaka (Antidepressiva, Antidementiva, Stimulanzien), Nahrungsergänzungsmitteln oder anderen Substanzen, die normalerweise keine Abhängigkeit erzeugen. Die Betroffenen schlucken die Mittel, ohne dass es medizinisch notwendig wäre, beziehungsweise nehmen eine höhere Dosierung als empfohlen ein. Gründe dafür können gesellschaftliche Erfolgserwartungen sein, die Notwendigkeit zu funktionieren oder eine Anhäufung unterschiedlichster Befindlichkeitsstörungen. Hier spricht man eher von Missbrauch (Abusus) als von Abhängigkeit, denn es handelt sich eher um eine Zwangsstörung oder Verhaltensauffälligkeit, die psychische und soziale Folgeprobleme mit sich bringen kann. Doch auch diese Substanzen wirken schädlich auf den Körper. Beispielsweise können entzündungshemmende Schmerzmittel wie Acetylsalicylsäure, Ibuprofen oder Diclofenac, um nur ein paar geläufige zu nennen, bei regelmäßiger Einnahme Magen- und Darmschleimhaut-Entzündungen auslösen oder es können Geschwüre entstehen.

Als dritte Form spricht man von *substanzungebundener Abhängigkeit* (auch nicht stoffliche Abhängigkeit genannt). In diesem Fall leiden die Betroffenen an psychischen Zwängen und Abhängigkeiten, ohne dabei Alkohol zu trinken, Nikotin zu konsumieren oder Medikamente zu schlucken. Stattdessen brauchen sie zum Beispiel Glücksspiele, um zufrieden zu sein, oder sie sind – wie Patient Johannes – abhängig von Medien wie Computer, Internet, Fernseher oder Smartphone. Weitere nicht stoffliche Abhängigkeiten sind Arbeitssucht, Beziehungssucht, Kaufzwang, Messie-Syndrom (Sammelsucht), Hypersexualität, exzessives Sporttreiben, Kleptomanie (zwanghaftes Stehlen), Pyromanie (zwanghaftes Feuerlegen) sowie Essstörungen. Auch diese Süchte zeichnen sich dadurch aus, dass die Betroffen bestimmte Handlungen ständig wiederholen, ohne dass es dafür eine vernünftige Motivation geben würde. Sie können ihr Handeln nicht kontrollieren und schädigen damit sich selbst oder andere Menschen. Ihr Verhalten ist oft impulshaft und ihr Leben wird von der Abhängigkeit beherrscht. Ähnlich wie bei der stoffgebundenen Abhängigkeit verfallen die sozialen, beruflichen, materiellen und familiären Werte. Die Betroffenen vergessen, dass sie Verpflichtungen haben. Man kann dies gut am Beispiel der Arbeitssucht darstellen – diese Krankheit entwickelt sich in vier Stadien bis hin zum Tod. Zunächst wird die Arbeit einnehmender, man beginnt, heimlich zu arbeiten, auch in der Freizeit wird an die Arbeit gedacht, private Interessen und Pflichten werden zunehmend vernachlässigt, Partner und Kinder kommen oftmals zu kurz. In der nun folgenden kritischen Phase wird der übertriebene Arbeitseinsatz zu rechtfertigen versucht, alle privaten Bereiche werden der Arbeit untergeordnet, Arbeit wird gehortet und erste Erschöpfungszustände stellen sich ein. In der darauf folgenden chronischen Phase werden immer mehr Aufgaben übernommen und Belastungen gesucht. Man sieht nur noch sich selbst als die ideale Person für die Bearbeitung, das gesamte Privatleben hat keine Bedeutung mehr, schwere Depressionen, Angstzustände und Herz-Kreislauf-Störungen können auftreten. In der Endphase kommt es zu krankhaften Folgeerscheinungen mit einem massiven Knick in der Leistungsfähigkeit. Workaholics gehen oft schon mit Mitte fünfzig in Rente oder sterben sehr früh. Die Todesursache der Erkrankten ist meist Überarbeitung in Form von Herzversagen, Herzinfarkt oder Schlaganfall. In Japan gibt es für diesen Tod sogar einen eigenen Begriff: *Karōshi*, Tod durch Überarbeitung.

Die vierte Form der Abhängigkeit ist die sogenannte *Co-Abhängigkeit*. Hier geht es um das Verhalten der Bezugspersonen (also deren Tun oder Unterlassen) im Umgang mit den Substanzabhängigen (Alkoholiker, Drogenabhängige): Unter Co-Abhängigkeit versteht man, dass ein Angehöriger oder Bekannter eines Suchtkranken quasi zum Komplizen des Abhängigen wird oder unter dessen Sucht in besonderer Form leidet, und dass das Verhalten der Bezugsperson ihrerseits Sucht-Aspekte enthält. Co-Abhängige können beispielsweise Arbeitskollegen sein, die es einfach stillschweigend kompensieren, wenn ein Kollege aufgrund seiner Sucht weniger leistet, Freunde, die auf Partys den Konsum als selbstverständlich akzeptieren, Familienangehörige, die finanziell für die Suchtmittel aufkommen oder den Süchtigen beim Arbeitgeber krankmelden, oder auch Ärzte, die ohne wirklichen Bedarf süchtig machende Medikamente verschreiben.

Co-Abhängigkeit kann sich aber auch in Form einer Beziehungsstörung zeigen: Hier geht es um das Sichabhängig-Machen von anderen Menschen allgemein (nicht zu verwechseln mit der abhängigen Persönlichkeitsstörung).

Upper und Downer

Es gibt eine überaus große Fülle an süchtig machenden Drogen und Medikamenten. Diese psychoaktiven Substanzen haben unterschiedliche Wirkweisen und unterteilen sich grob in aufputschende und beruhigende Stimulanzien. Zu den sogenannten Uppers, also Substanzen mit aufputschender Wirkung, welche die Müdigkeit vertreiben (wach machen), zählen sowohl legale Drogen wie Koffein, aber auch die illegalen Aufputschmittel auf Amphetamin-Basis. Man rechnet Kokain ebenso dazu wie das Methamphetamin oder Ecstasy. Sie wirken generell leistungssteigernd, unterdrücken Müdigkeit, Hungergefühl und Schmerz, verleihen kurzzeitig Selbstvertrauen, ein Gefühl der Stärke und geben dem Leben eine ungewohnte Geschwindigkeit. Zu den Nebenwirkungen gehören Persönlichkeitsveränderungen, Psychosen, Angstzustände und Paranoia. Zu den bekannten Uppers zählen aber auch viele legale Medikamente wie zum Beispiel Ritalin, das oftmals auf Partys zum Durchfeiern der Nächte missbraucht sowie zunehmend auch zur Leistungssteigerung in Prüfungssituationen konsumiert wird.

Zu den Substanzen mit beruhigender Wirkung, den sogenannten Downers, also Substanzen mit müde machender, entspannender und angstlösender Wirkung, zählen insbesondere Opiate wie Heroin oder Methadon, Beruhigungs- und Schlafmittel wie Barbiturate, Tranquilizer/Angstlöser wie Benzodiazepine sowie diverse Schmerzmittel wie Morphium oder Fentanyl. Weiterhin gehören dazu unter anderem Alkohol, Cannabis sowie auch Baldrian oder Codein. Sie wirken generell berauschend, euphorisierend und angstbefreiend. Bei Downers kommen zu den Nebenwirkungen neben den Persönlichkeitsveränderungen auch Verlust von Konzentration, Urteilsvermögen und Aufmerksamkeit hinzu.

Drogen haben zudem unterschiedliche Abhängigkeitspotenziale, wobei die hier gezeigten Abstufungen nicht über das generelle Suchtpotenzial und die (zum Teil tödlich verlaufenden) Nebenwirkungen so gut wie aller Drogen hinwegtäuschen sollen. Zu den Substanzen mit dem höchsten Abhängigkeitspotenzial gehören Heroin, Methamphetamin (Crystal Meth), Kokain, Tabak, Methadon (Opiat zur Substitution) sowie Schlafmittel aus der Gruppe der Barbiturate. Zu den Substanzen mit mittlerem Abhängigkeitspotenzial gehören Alkohol, Benzodiazepine, Amphetamin (Speed), Buprenorphin (Opiat zur Substitution), Ketamin (Anästhetikum) und Cannabis (Haschisch, Haschischöl). Ein niedriges Abhängigkeitspotenzial haben 4-MTA (Ecstasy-ähnlich), Methylphenidat (Ritalin), das Halluzinogen LSD, die Partydroge GHB (auch Liquid Ecstasy genannt), Ecstasy, die Kaudroge Khat sowie Schnüffelstoffe wie Kleber oder Benzin. Zu den Substanzen ohne ausgeprägtes Abhängigkeitspotenzial gehören Anabolika (synthetische Hormone) oder Poppers (flüssige, kurzzeitig wirksame Drogen). – Im Hinblick auf diese Vielzahl an sowohl legal als auch illegal zur Verfügung stehenden Suchtstoffen fragt man sich, wie es um das Belohnungssystem der Menschen bestellt ist, wenn so viele Stoffe als Ersatzbefriedigung herangezogen werden.

Hunger nach Belohnung

Doch warum entsteht Sucht eigentlich? Prinzipiell gibt es zwei Schlüsselhypothese darüber. Bei der sogenannten Impulsivitätshypothese geht man davon aus, dass das Gehirn überempfindlich auf Belohnung reagiert beziehungsweise ständig nach Belohnung hungert. Zusätzlich funktionieren Hemmungsmechanismen nicht richtig. Es gibt berühmte Experimente mit Ratten, bei denen die Tiere zum Beispiel durch die Gabe von Alkohol oder anderen Suchtstoffen abhängig gemacht wurden. Sie nutzten folglich die Möglichkeit, mit ihren Vorderpfoten einen Knopf zu betätigen, mittels dessen sie an eine Portion Alkohol oder ein anderes Suchtmittel gelangen konnten. Die Tiere haben den Knopf immer wieder betätigt und verloren so die Kontrolle, mitunter sogar bis zur Bewusstlosigkeit. Das heißt, sie hatten kein Korrektiv, das ihnen signalisierte aufzuhören. Übertragen auf alkoholkranke Menschen würden diese hemmungslos Alkohol zu sich nehmen, um das Belohnungssystem zu aktivieren. Kontrollinstanzen wie die Erziehung oder Vorbilder reichen nicht mehr aus, um die Sucht zu unterdrücken.

Der zweite Ansatz ist die Hypothese eines gestörten Belohnungssystems. Demnach reagiert das Belohnungssystem bei Menschen, die ein erhöhtes Risiko haben, abhängig zu werden, nicht richtig. Es antwortet nicht oder unzureichend auf positive oder negative Reize, was zu einer »dauernden Frustration« führt. Wie bei Karl und Johannes führen positive Stimuli wie

Lob, aber auch Nahrungsaufnahme oder Sexualität nicht dazu, dass das Belohnungssystem ausreichend aktiviert wird und Zufriedenheit entsteht. Das Ergebnis ist eine »unzufriedene« Grundstimmung, die nur durch den Genuss von Alkohol oder andere Reize, die das Belohnungssystem stimulieren, verschwindet. Ähnliches passiert bei negativen Stimuli: Ein Tadel oder ein fehlgeschlagenes Projekt führen zu einem Gefühl der Freudlosigkeit, Dysphorie (das Gegenteil von Euphorie) und Gereiztheit, die anhält. Erst nach längerer Zeit oder durch Zuhilfenahme von »Hilfsmitteln« verschwindet diese schlechte Stimmung, wobei den Betroffenen diese Zusammenhänge nicht bewusst sind. Auch ihnen hilft es nur, das Belohnungssystem durch Alkohol, andere Substanzen oder auch zum Beispiel Computerspiele zu stimulieren. Letztendlich spricht mehr für die Hypothese des beeinträchtigten Belohnungssystems, was man vor allem aus Beobachtungen mit Positronen-Emissions-Tomografie (PET) weiß. Diese Methode liefert eine Momentaufnahme darüber, wie das dopaminerge System (also das System der Nervenzellen, die Dopamin herstellen) auf Belohnungsreize reagiert, das heißt im PET lassen sich zum Beispiel mehr (freies) Dopamin oder aber weniger Bindungsstellen (Dopamin-Rezeptoren) nachweisen.

In der Medizin arbeitet man viel mit Metaanalysen. Das sind Zusammenfassungen von vielen Studien, die mit teilweise unterschiedlichen Methoden eine bestimmte Fragestellung behandeln. Metaanalysen gibt es auch über die Arbeitsweise des Belohnungssystems, genauer gesagt interessiert uns, was der Zusammenhang zwischen Suchterkrankungen und einem gestörten Belohnungssystem ist. Eine Auswertung von 87 Studien mit funktioneller Magnetresonanztomografie (fMRT) und PET hat ergeben, dass zwei Bereiche besonders aktiv sind, wenn das Gehirn positiven, aber auch problematischen Reizen ausgesetzt ist, die häufig zu Suchtverhalten führen. Diese Bereiche sind die Amygdala und das Striatum. Die Versuche dazu muss man sich so vorstellen: Die Probanden bekommen Bilder mit positiven und negativen Szenen gezeigt und werden gebeten, sich in diese hineinzufühlen. So werden Bilder von lachenden und spielenden Kindern eher ein Glücksgefühl auslösen, während schreiende und weinende Menschen zu Trauer und Hilflosigkeit führen. Verstärkende positive Stimuli wie die lachenden Kinder, aber auch Reize, die Süchte auslösen, wie Bilder von einem Glas Bier oder einer Schnapsflasche, bewirken, dass Amygdala und Striatum stärker aktiviert sind. Die Hirnscans haben gezeigt, dass bei Personen mit einer Abhängigkeitserkrankung im Unterschied zu Gesunden Teile des Belohnungssystems überreagieren, ohne dass der präfrontale Kortex aktiv ist. Er funktioniert normalerweise als Kontrollinstanz, gewissermaßen als der erhobene Zeigefinger des Gehirns, der uns etwa sagt: Das ist schlecht für dich. Aber wenn diese Kontrolle fehlt, dann kann ein zwanghafter Wunsch entstehen, sich den entsprechenden Belohnungsreiz zuzuführen, ohne Rücksicht auf Verluste. So spielen beispielsweise Glücksspielsüchtige so lange, bis sie hoch verschuldet sind, ihr gesamtes Vermögen verpfändet ist und sie schlichtweg kein Geld mehr zum Spielen bekommen.

Auch bei einer Computerspielsucht ist der präfrontale Kortex nicht oder zu wenig aktiv. Darauf deutet eine Reihe von Untersuchungen hin. Je länger die Betroffenen online spielen, umso stärker ist die Aktivierung im medialen präfrontalen Kortex und im Cingulum. Das heißt, der präfrontale Kortex versucht, die Kontrolle über das süchtige Verhalten zu gewinnen, allerdings in der Regel ohne Erfolg.

Alle Substanzen, die uns abhängig machen, haben gemeinsam, dass sie das Dopamin-System im Nucleus accumbens, einer zentralen Schaltstelle des Belohnungssystems, aktivieren. Wenn uns das Belohnungssystem nicht mehr das Gefühl von Zufriedenheit durch eine normale Aktivierung geben kann, brauchen wir intensivere Reize. Sonst kommt es zu einer angespannten, sogenannten dysphoren Stimmung. Der Dopaminspiegel fällt ab, und diese Stimmung wird erst wieder durchbrochen, wenn er durch entsprechende Reize wieder in den »Normalbereich« gebracht wird. Wenn aber ein Rauschmittel, wie beispielsweise Alkohol, nicht mehr dazu benutzt wird, stimmungsmäßig besser drauf zu sein, sondern einfach um den normalen emotionalen Zustand wiederherzustellen, dann sind wir süchtig. Unterm Strich besteht die Sucht darin, dass dieses dopaminerge System immer intensiver angeregt werden muss. Körper und Psyche werden davon abhängig, dass dieser dopaminerge Kreislauf auf Hochtouren läuft. Wenn dies nicht der Fall ist, weil das Suchtmittel fehlt, dann entstehen Entzugssymptome. Körperlich machen sich diese durch Schwitzen, Zittern oder erhöhten Blutdruck bemerkbar, psychisch in Form von innerer Unruhe, Angst oder Schlaflosigkeit.

Ist einmal eine Abhängigkeit vorhanden, kann es bei vielen der Betroffenen zu einem starken inneren Wunsch kommen, sich die Trigger-Substanz wie zum Beispiel Alkohol zuzuführen. Dies wird als Craving (Verlangen, Suchtdruck) bezeichnet. Je stärker das Craving ist, desto wahrscheinlicher wird es, dass es zu Missbrauch und Rückfällen kommen wird.

Vererbte Sucht

Wie entstehen diese Abhängigkeitserkrankungen beim Menschen? Gibt es Suchtpersönlichkeiten, also Menschen, die bereits mit einer Disposition für Sucht geboren werden oder eine solche im Laufe ihres Lebens entwickeln? Das in den verschiedenen Fachbereichen der Psychologie und Medizin (u. a. Psychiatrie) viel beachtete sogenannte biopsychosoziale Krankheitsmodell beschreibt das Zusammenspiel zwischen biomedizinischen, psychologischen und ökosozialen Faktoren, die für sich genommen sowie in ihrer Wechselwirkung dazu führen, dass Krankheiten entstehen beziehungsweise chronisch werden. Es geht hier also um die Einheit von Körper und Geist, bei der sowohl die körperlichen als auch die subjektiv empfundenen und umweltbedingten Dimensionen berücksichtigt werden. Bei der Sucht spielen auf der biomedizinischen Seite die Gene folgende Rolle: Aus der Beobachtung von Familien ist bekannt, dass die Söhne von Männern mit einer manifesten Alkoholabhängigkeit ein vierfach erhöhtes Risiko haben, ebenfalls eine solche Erkrankung zu entwickeln. Bei eineiigen Zwillingen ist das Risiko um einiges höher: Leidet einer der Zwillinge an einer Sucht, dann ist die Wahrscheinlichkeit, dass der andere ebenfalls erkrankt, zehn- bis zwanzigfach erhöht.

Vererbung erfolgt allerdings nicht nur über das Erbgut. Mittlerweile weiß man aus Tierversuchen, dass Suchtanfälligkeit nur teilweise über die Gene an die nächste Generation weitergegeben wird. Zu den in der DNA verankerten Risikofaktoren kommen nämlich noch sogenannte epigenetische Faktoren hinzu. Hierbei handelt es sich um Anlagerungen (Methylgruppen) am Erbgut, welche die Möglichkeit bestimmen, dass biologische Informationen von Genen, der DNA, abgelesen werden können. Diese angelagerten Methylgruppen können durch Umweltreize (zum Beispiel Suchterfahrungen) aktiviert beziehungsweise inaktiviert und an die nächste Generation weitergegeben werden. Und diese Anlagerungen konzentrieren sich eben unter anderem an den Genen, die den Hirnstoffwechsel im Belohnungssystem der Tiere regulieren. Das heißt, Suchterfahrungen bei früheren Generationen führen auch zu suchtfördernden Reaktionen bei den Nachkommen. Zwar hat man das bisher nur bei Ratten nachgewiesen, aber da Epigenom und Belohnungssystem bei diesen Tieren ähnlich funktionieren wie bei Menschen, ist es wahrscheinlich, dass diese Art der epigenetischen Vererbung einer Suchtneigung auch bei uns erfolgt.

Die Gene alleine können aber nicht erklären, warum manche Menschen anfälliger sind als andere. Wie bei praktisch allen Krankheiten spielt auch die Umwelt eine Rolle: Zu den Umwelt-Risikofaktoren zählen Stress der unterschiedlichsten Art. Das können Schicksalsschläge sein wie der frühe Verlust eines Elternteils, Missbrauch oder Vernachlässigung. Auch soziale Ausgrenzung wie Mobbing oder Bullying, oder das auch rein subjektive Gefühl, nicht dazuzugehören, setzen unser Gehirn unter Druck. Nicht Teil einer sozialen Gruppe zu sein oder bewusst ausgeschlossen zu werden gehört für einen Menschen zu den stärksten aller Stressfaktoren. Aber auch die Art der Suchtmittel, ihre Verfügbarkeit, Wirkung und Verträglichkeit spielen bei der Entstehung von Sucht eine Rolle.

Zusammengenommen führen eine gewisse genetische und epigenetische Anfälligkeit sowie bestimmte Umweltrisikofaktoren dazu, dass zu wenig Dopamin im Belohnungssystem vorhanden ist. Darüber hinaus tragen auch Botenstoffe wie Serotonin, GABA und Glutamat dazu bei, dass Abhängigkeitserkrankungen entstehen. Serotonin wirkt im zentralen Nervensystem auf die Stimmungslage, auf den Schlaf-wach-Rhythmus, auf die Nahrungsaufnahme, auf die Schmerzwahrnehmung und auf die Körpertemperatur. Eine verminderte Produktion von Serotonin ist schon länger als ursächlicher Faktor bei der Entstehung von Depressionen bekannt. Vereinfacht könnte man sagen, Serotonin sorgt für eine ausgeglichene Stimmungslage. Im Zusammenhang mit Alkohol hat man festgestellt, dass ein Mangel an Serotonin die Entstehung von Suchtverhalten fördert. Insbesondere weiß man aus Tierversuchen, dass ein hoher Serotonin-Spiegel im Gehirn dazu führt, dass weniger Alkohol, Opiate und andere Suchtmittel konsumiert werden. Damit wird der Umkehrschluss wahrscheinlich: Wenig Serotonin fördert die Sucht.

Für Abhängigkeitserkrankungen ist typisch, dass sie sich von gelegentlichen Genussphasen zu einem gewohnheitsmäßigen, zwanghaften Konsum entwickeln. Welcher Auslöser allerdings letztendlich dafür sorgt, dass es zu Craving und Rückfällen kommt, beruht offensichtlich auf unterschiedlichen Gehirnregionen und Überträgerstoffen. So führt Stress beispielsweise über die Amygdala, den Hirnstamm und den Überträgerstoff Noradrenalin zu Craving und Rückfällen, wohingegen Medikamente über den Nucleus accumbens und das Dopamin diesen Mechanismus induzieren. Anhand dieses letzten Punkts wird deutlich, dass nicht nur das Fehlen von Alkohol zu Craving führt, sondern auch andere abhängig machende Substanzen wie Medikamente.

Reize wie das Bild eines Bierglases führen über die Amygdala, wo Sinnesreize wie Biergeruch und Form und Farbe eines gefüllten Bierglases zusammengeführt werden, den Hippocampus (dort ist die Erinnerung daran gespeichert, dass das Bier das Belohnungssystem aktiviert) und den Überträgerstoff Glutamat zum Gefühls des Cravings (»Ich brauche jetzt ein Bier«) und schließlich zum Rückfall (»Ich trinke jetzt ein Bier«). Der sinkende Alkoholspiegel führt zu einem Gefühl der Unzufriedenheit und einer aggressiven Anspannung. Um diesem Gefühl entgegenzuwirken, muss der Reiz, also der Alkohol, wieder erneut zugeführt werden, das Verlangen wird ständig größer, ein Gewöhnungseffekt entsteht, der Konsum wird weiter erhöht – eine Abhängigkeit ist entstanden und hiermit ein sich ständig intensivierendes Craving, um das Belohnungssystem zu normalisieren.

Schokolade in der Fastenzeit

Wie kann man Abhängigkeitserkrankungen behandeln? Der lapidare Hinweis, doch einfach mit dem Trinken aufzuhören, ist für die Betroffenen leichter gesagt als getan. Wir kennen das Prinzip von unseren kleineren und größeren »Süchten«. Jeder, der beispielsweise schon einmal aus religiösen oder gesundheitlichen Gründen gefastet und in diesem Zusammenhang auf Schokolade verzichtet hat, weiß, wie schwierig dies insbesondere in den ersten Tagen ist. Wie bereits in Kapitel 3 beschrieben, sorgt Schokolade nicht nur dafür, dass vermehrt Insulin produziert wird und damit der Blutzuckerspiegel steigt, sondern sie führt auch dazu, dass insbesondere im Nucleus accumbens und anderen Teilen des Belohnungssystems der Botenstoff Dopamin ausgeschüttet wird. Der Verzehr von Schokolade hilft daher, zu entspannen, Frust zu vergessen, und ruft ein angenehmes und wohliges Gefühl hervor.

Was passiert nun, wenn man an Aschermittwoch den Schokoladenkonsum einstellt? Es gibt schließlich viele Situationen, in denen uns Frust und Unzufriedenheit überkommt: Die verspätete S-Bahn, der ständige Zeitdruck, die (wenn auch sinnvollen) Wünsche und Ratschläge der Kollegen – das alles ist belastend und führt dazu, dass wir nach Ventilen suchen. Natürlich kann man gesunde Dinge tun, wie spazieren gehen oder mal in Ruhe mit den Kollegen zu Mittag essen. Beides baut den Druck ab und führt zu einer Normalisierung des Dopaminspiegels im Belohnungssystem. Wenn wir aber unter Druck stehen und für solche Dinge keine Zeit haben, werden wir unruhig und ungerecht. Ein Stück Schokolade kann hier Wunder wirken. Was passiert aber, wenn wir uns dieses oder andere Genussmittel verboten haben? Wir werden immer unruhiger, der Wunsch nach Schokolade nimmt zu, und schließlich werden wir schwach, brechen die Tafel an, um dann im Endeffekt sogar mehr Schokolade zu essen, als wir das unter normalen, also in diesem Fall fastenfreien, Umständen getan hätten.

Ist das schon Abhängigkeit? Betrachtet man das führende Symptom von Abhängigkeitserkrankungen, nämlich den intensiven Wunsch, eine bestimmte Substanz zu konsumieren, um Entzugssymptome zu mildern oder ihnen entgegenzuwirken, dann kann man vom Beginn einer Abhängigkeitsproblematik ausgehen. Was die Schokolade betrifft, hat man aber, solange man nicht Diabetiker ist, kein Problem. Bei Alkohol sieht es jedoch anders aus, da dieser Gift für den Körper ist. Er schädigt die Leber bis hin zur Zerstörung. Er zieht Nervenzellen im Gehirn und Körper in Mitleidenschaft, macht abhängig und verändert unser Verhalten, was häufig genug nicht mit einem gesunden und selbstbestimmten Leben kompatibel ist. Um den Teufelskreis des Alkoholkonsums zu unterbrechen, muss eine Voraussetzung gegeben sein: Der Betroffene muss sich eingestehen, süchtig zu sein, und die Einsicht haben, handeln zu müssen.

Zunächst muss festgestellt werden, in welcher Phase der Sucht sich der Betroffene befindet. Die traditionelle Vorgehensweise bei der Suchtbehandlung ist ein Phasenmodell, bei dem jeder Schritt auf dem vorherigen aufbaut. Zu den Phasen gehören:

• Motivationsphase oder auch Kontaktphase: Erster Kontakt zu Hilfsmaßnahmen wird vermittelt, wobei die eigene Motivation wichtig ist. Häufig wird hier die zugrunde liegende Diagnose geklärt. Betroffenen werden Wege aus der Sucht angeboten, und sie werden über die Folgen der Sucht informiert.

• Entgiftungsphase: Abhängig von der Art des Suchtmittels, von den zu erwartenden Entzugserscheinungen und vom sozialen Umfeld wird meist eine stationäre Entgiftung durchgeführt. Außerdem finden in dieser Phase eine intensive Therapie der begleitenden psychischen und körperlichen Erkrankungen sowie eine psychotherapeutische Behandlung statt. Je nachdem, wie intensiv die Abhängigkeit zum Beispiel vom Alkohol ist, müssen Betroffene sich zunächst zehn bis 14 Tage entgiften lassen (mehr bezahlen die Krankenkassen in Deutschland in der Regel nicht). Danach sind meistens zumindest die akuten Entzugssymptome abgeklungen.

• Entwöhnungsphase: Meist stationärer Entzug, oft in Spezialkliniken, zwischen sechs Wochen und sechs Monaten. Psychotherapie ist der zentrale Bestandteil einer jeden Behandlung, denn Abhängigkeit bedeutet immer auch psychische Abhängigkeit. Die Psychotherapie soll dabei helfen, den Ursachen der Sucht auf den Grund zu gehen, Bewältigungsstrategien für Probleme und schwierige Situationen zu erarbeiten, Selbstkontrolle zu erlernen und nicht zuletzt die Lücke zu füllen, die durch die Abstinenz entstanden ist. Weitere Maßnahmen sind Familientherapie, Verhaltenstherapie, Selbstsicherheitstraining und Entspannungstraining. Zudem muss untersucht werden, welche anderen psychischen und körperlichen Erkrankungen vorliegen, damit man sie beim Entzug berücksichtigen und gegebenenfalls mitbehandeln kann.

• Nachsorgephase: Hilfestellungen geben Selbsthilfegruppen (Anonyme Alkoholiker), Hausarzt, Fachambulanzen, professionelle Beratungsstellen und betreuende Wohngemeinschaften. Diese Einbindung ist sehr wichtig, denn gerade in diesem Stadium der Entwöhnung darf ein Betroffener nicht allein gelassen werden, damit er oder sie nicht rückfällig wird. Die Betroffenen lernen unter anderem Techniken, um den Kontakt mit Suchtmitteln zu vermeiden und kritische Situationen ohne Suchtmittel auszuhalten.

Ohne weitere Maßnahmen, also wenn man nur eine Entgiftung macht, liegt die Rückfallquote bei 80 Prozent. Das bedeutet, dass lediglich 20 Prozent der Betroffenen es schaffen, trocken zu bleiben, der Rest greift über kurz oder lang wieder zu seinem Suchtmittel. Die meisten Betroffenen müssen sich daher nach der Entgiftung einer Entwöhnungsbehandlung unterziehen. Mit einer Nachbehandlung bekommen immerhin fünf bis sechs von zehn Betroffenen ihren Alkoholkonsum in den Griff und bleiben für immer trocken. Anders ausgedrückt: Vier bis fünf von zehn,

also fast die Hälfte, schaffen es nicht, ihre Sucht los-
zuwerden, obwohl sie mithilfe von Psychotherapien
und anderen Trainings daran arbeiten. Dafür können
verschiedene Faktoren ursächlich sein: unzureichende
Aufklärung seitens der Therapeuten, unzureichende
Einsicht in die Notwendigkeit einer Behandlung seitens des Patienten, Belastungsfaktoren im Umfeld, die
eine zielgerichtete Auseinandersetzung mit der Sucht
verhindern. Persönlichkeitsfaktoren können auch eine
Rolle spielen, werden in ihrer Wichtigkeit jedoch oft
überschätzt. Zentral für den Erfolg einer Therapie ist
es, eine stabile Motivation zur Abstinenz aufzubauen.
Letztendlich muss die Inselregion, ein wichtiger Teil
des Belohnungssystems, gut trainiert werden, damit
sie die »Stimmungsschwankungen« im restlichen Sys
tem ausgleichen kann.

Seit vielen Jahren besteht zudem die Möglichkeit,
Abhängigkeiten mit einer hohen Rückfallquote, wie
zum Beispiel schweren Alkoholismus oder Heroin-
abhängigkeit, medikamentös zu behandeln. Man fasst
diese Medikamente unter dem Begriff der sogenannten Anticraving-Substanzen zusammen. Sie wirken insbesondere, weil sie das System der Botenstoffe Glutamat und Dopamin stabilisieren und damit den
»Stimmungszustand im Belohnungssystem« festigen
helfen, somit Stimmungsschwankungen und letztlich
Craving verhindern. Etwa ein Drittel der Alkoholabhängigen, die diese Anticraving-Substanzen regelmäßig einnehmen, bleibt trocken, ein weiteres Drittel hat
weniger oder weniger intensive Rückfälle, und bei dem
verbleibenden Drittel helfen diese Medikamente nur
unzureichend, was jedoch keine überraschende Zahl

ist, denn viele Substanzen in der Medizin sind nur teilweise effektiv.

Dennoch ist es sinnvoll, bei Personen, die immer wieder rückfällig werden, zusätzlich zu den genannten psychosozialen Interventionen auch den Einsatz von Anticraving-Medikamenten (bei Alkoholabhängigkeit) oder eine Substitutionstherapie (bei Opiat-Abhängigkeit) ins Auge zu fassen.

Ein wesentliches Ziel aller Maßnahmen muss es sein, den gefährdeten Personen das Konzept eines Lebens ohne Suchtstoffe zu vermitteln, was jedoch sehr schwierig ist. Im Fall der Alkohol- oder Drogensucht liegt die Problematik unter anderem in der leichten Zugänglichkeit (Supermarkt, Internet). Bei der Computerspielsucht hingegen sind Faktoren wie das Angesagtsein und Dazugehörenwollen, das Eintauchen in komplett andere Welten und oder auch das Finden »neuer« Freunde ausschlaggebend für die süchtig machende Wirkung. Alle Betroffenen müssen lernen, dass der Verzicht auf die abhängig machende Substanz nicht nur ein Verzicht an sich ist, sondern eine völlige Veränderung der Lebensweise. Und sie müssen die vielen Vorteile und die Freiheit erkennen, die diese neue Lebensweise in sich birgt. Denn abstinent zu bleiben ist sehr schwer, da Betroffene ein Leben lang süchtig bleiben, auch wenn sie abstinent sind. Eine Suchterkrankung bleibt nämlich ein Leben lang bestehen. Es ist etwa so wie bei Menschen mit heller Haut, die sich mit Sonnenschutz vor der Strahlenexposition zwar schützen können, ihre Haut bleibt jedoch empfindlich. Anders ausgedrückt können Menschen, deren Belohnungssystem auf Außenreize wie Stress oder Suchtstoffe empfindlich reagiert, sich mit einer Suchttherapie helfen, ihr Belohnungssystem können sie jedoch nicht austauschen.

Auf einen Blick

- Bei Abhängigkeitserkrankungen ist die Funktion des Belohnungssystems beeinträchtigt.
- Suchtanfällige Personen verfügen wahrscheinlich über ein Belohnungssystem, das positive Stimuli wie Lob, aber auch negative Stimuli wie Tadel oder Konflikte überdurchschnittlich stark beziehungsweise schwach empfinden lässt.
- Diese Empfindungen werden durch einen niedrigen Dopaminspiegel insbesondere im Nucleus accumbens hervorgerufen. Entsprechende Reizstoffe wie Alkohol oder auch Computerspiele können diesen niedrigen Dopaminspiegel (vorübergehend) normalisieren.
- Psychosoziale und medikamentöse Therapieansätze müssen darauf abzielen, das Belohnungssystem zu normalisieren und zu stabilisieren, damit die normalen Belastungen des Lebens nicht zu Verlangen und Rückfällen führen.

6 Wenn das Glücksnetz erkrankt

Lara ist 38 Jahre alt, Rechtsanwältin und glücklich verheiratet mit einem fünf Jahre alten Kind. Seit etwa einem halben Jahr wacht Lara nachts häufig auf und kann nicht mehr durchschlafen. In den vergangenen Wochen ist es sogar vorgekommen, dass sie zwischen zwei und drei Uhr aufgewacht ist und bis zum Morgen gar nicht mehr weiterschlafen konnte. Ihr gehen dann viele Gedanken durch den Kopf: Läuft in der Kanzlei alles gut? Kann ihre Tochter am nächsten Tag wieder in den Kindergarten gehen oder ist der Schnupfen noch zu heftig? Arbeitet ihr Mann nicht zu viel? Wird sie es schaffen, vor dem nächsten Urlaub ihre Fälle abzuschließen? Morgens quält sie sich zunehmend aus dem Bett, obwohl sie früher immer die Erste war, mit einem Liedchen auf den Lippen. Lara schafft es noch, ihr Tagespensum zu bewältigen, aber es fällt ihr immer schwerer und sie muss Arbeit mit nach Hause nehmen. Vorgänge, die sie früher mit links erledigt hat, muss sie mehrfach angehen. Kürzlich ist es ihr sogar vor Gericht passiert, dass sie plötzlich den Faden verloren hat. Glücklicherweise stand die Richterin ihr bei, sodass sie ihr Plädoyer erfolgreich abschließen konnte. Wahrscheinlich ist es die viele Arbeit und der Stress, der ihr sonst nicht so viel ausmacht. Überarbeitung eben, was man in solchen Situationen halt so denkt.

Die Familie fährt 14 Tage in den Urlaub, aber auch dieser führt nicht zu der erhofften Erholung. Lara wird zunehmend müder und unkonzentrierter, und irgendwann geht sie früher aus der Kanzlei nach Hause, um sich etwas auszuruhen. Bevor sie dies tut, will sie noch schnell die Wäsche erledigen. Sie öffnet die Tür der Maschine, steckt die Hemden hinein und muss aber gleichzeitig feststellen, dass sie nicht mehr weiß, wie man das Feinwaschprogramm einstellt. Verzweiflung steigt in ihr auf, sie wird traurig und sitzt schließlich weinend vor der Waschmaschine, als es klingelt und ihre Mutter zufälligerweise auf einen Kaffee vorbeikommt. Sie sieht ihre verweinte und verzweifelte Tochter und fragt sie, was los sei. Lara ist am Ende und erzählt, wie es in den letzten Wochen ständig bergab ging.

Am nächsten Tag hat sie noch einen wichtigen Gerichtstermin, den sie mit Ach und Krach hinter sich bringt, bevor sie beim Hausarzt vorbeischaut. Der untersucht sie, nimmt Blut ab und ruft sie abends zu Hause an. Er kennt die Familie sehr gut und betreut Lara seit ihrem zehnten Lebensjahr.

Der Hausarzt kommt direkt zur Sache und sagt: »Mädchen, organisch bist du in Ordnung, aber meines Erachtens hast du ein Burn-out.« Irgendwie hatte Lara es fast geahnt, dass etwas mit ihrem Körper oder ihrer Psyche nicht in Ordnung sei. Der Arzt rät ihr, zum Psychiater zu gehen, der ihr bestätigt, dass sie nicht nur unter einem Burn-out, der Vorstufe einer

Depression, leide, sondern bereits die Kriterien für eine Depression erfülle. Seit mehr als 14 Tagen hat sie keine Power mehr, die Freude ist weg, alles erscheint grau in grau. Besonders ist ihr dies am Geburtstag ihrer Tochter aufgefallen, der ihr in den vergangenen Jahren immer so viel Spaß gemacht hat. Sogar im Urlaub fiel es ihr schwer, zu lachen und sich über die schönen Dinge des Lebens zu freuen. Irgendwie war die Freude einfach weg. Auch wunderte sie sich über ihre immer schlechter werdende Konzentration, dann diese furchtbare Müdigkeit mit gleichzeitigen Schlafstörungen. Der Psychiater empfiehlt ihr ein Antidepressivum und eine Verhaltenstherapie und bereits nach sechs Wochen geht es ihr deutlich besser. Drei Monate später sind die Beschwerden weitgehend überwunden, und nach einem Jahr hat Lara die Erinnerung an die depressive Episode so gut wie verdrängt.

Auch Georg muss eine ähnliche Erfahrung machen. Er ist 43 Jahre alt, verheiratet und Abteilungsleiter einer Supermarktkette. Seine Frau ist Filialleiterin einer Bank, sie haben zusammen zwei Kinder und vor zwei Jahren ein Haus gebaut. Offensichtlich läuft alles rund und man könnte eigentlich zufrieden sein. Doch seit einem Jahr wird Georg von verschiedenen körperlichen Beschwerden geplagt: Mal hat er einen Hexenschuss, dann will eine Erkältung nicht abklingen, immer wieder hat er Magenbeschwerden, weswegen er bereits zweimal beim Internisten war und auch bereits eine Magenspiegelung hat vornehmen lassen. Die Diagnose war eine leichte Gastritis, also eine Magenentzündung. Eine Zeit lang nimmt er einen Säureblocker, und die Magenbeschwerden scheinen besser zu werden, aber sie gehen nicht ganz weg. Hinzu kommt so ein komischer Druckschmerz in der Brust. Das EKG beim Hausarzt ist unauffällig, die lapidare Diagnose heißt »Überarbeitung«, er solle sich ausruhen. Wenn da nicht diese Revision wäre und er vor den anderen Filialleitern nicht noch einen Vortrag zur Digitalisierung halten müsste, würde er eigentlich gerne mal für eine Woche ausspannen. Er schafft es noch gerade so, den Vortrag vorzubereiten und auch einigermaßen gut zu halten, verbringt dann aber das darauffolgende Wochenende mehr oder weniger im Bett. Ihm fehlen die rechte Kraft und die Lust, etwas zu tun. Der Garten ist sein ganzer Stolz, aber mehr, als den Rasen zu mähen, schafft er nicht, das Unkraut ist ihm egal und er flüchtet ins Bett. Seine Frau ist besorgt und fragt ihn, ob er krank sei, das kenne sie gar nicht von ihm. Er verbringt den ganzen Sonntag im Bett, und trotzdem fehlt ihm am Montag die Kraft, sodass er die Revision nur mit Mühe und Not abschließen kann, die Luft ist raus. Seit Längerem streitet er mit seiner Frau darüber, welches Auto sie anschaffen sollen, aber im Moment ist ihm das völlig egal. Sie wirft ihm vor, dass er emotional abwesend ist, überhaupt nicht aufmerksam, und im Bett, na ja, da klappt es auch nicht so wirklich. Auf Nachdruck seiner Frau hin geht Georg noch mal zum Hausarzt, er vermutet eine ähnliche Diagnose wie beim letzten Mal. Es werden nochmals das EKG und der Gastroenterologe bemüht, aber es wird nichts gefunden. Doch Georgs Kraft schwindet weiter und mittlerweile sind er und seine Familie schon einigermaßen genervt. Sogar der neunjährige Sohn macht sich Sorgen um seinen Vater und spricht die Mama darauf an. Schließlich wird die Nachbarin aufmerksam. Sie ist Psychotherapeutin und hat bemerkt, dass ihr Nachbar, der sonst immer so fröhlich und aktiv war, seit Längerem düster dreinschaut und müde daherschlurft. Am Wochenende besucht er sie, und sie stellt fest, dass er ganz offensichtlich unter einer Depression leidet. Ein Termin bei einem Psychiater bestätigt die Diagnose und eine entsprechende Therapie wird eingeleitet. Auch bei Georg ist die Depression wenige Monate später weitgehend überwunden.

Jeder zehnte Deutsche erkrankt im Laufe seines Lebens an einer Depression, sodass man von einer Volkskrankheit sprechen kann. Die Beschwerden kommen in der Regel schleichend und verstecken sich auch gerne entweder hinter Konzentrationsstörungen, Schlafstörungen, Stimmungsschwankungen oder auch hinter körperlichen Beschwerden. Deshalb nennt man die Depression auch gerne ein Chamäleon der Medizin. Was jedoch bei allen zuschlägt, ist eine große Freudlosigkeit, ein deutlich reduziertes Interesse an den alltäglichen Dingen des Lebens und eine starke Antriebslosigkeit, die Sachen zu erledigen, die man eigentlich gewohnt ist voranzubringen. Dieser Zustand hält mindestens zwei Wochen an. Viele Betroffene beschreiben, sie hätten das Gefühl,» das Glück verloren zu haben «.

Woher kommt dieses reduzierte Glücksempfinden, der Verlust an emotionaler Energie? Untersuchungen haben ergeben, dass Patienten mit einer depressiven Erkrankung eine geringere Menge bestimmter Botenstoffe im Körper haben als Gesunde. Dabei handelt es sich um die sogenannten Katecholamine. Das sind Botenstoffe, die in den Nervenzellen daran beteiligt sind, elektrische Signale weiterzuleiten, sie heißen Dopamin, Serotonin und Noradrenalin. Untersucht man das Blut von Menschen mit einer Depression, dann ist bei ihnen die Konzentration dieser Botenstoffe und auch ihrer Abbauprodukte im Blut und im Urin niedriger als normalerweise. Auch im Gehirn ist der Mangel an Botenstoffen sichtbar: Mithilfe bildgebender Verfahren wie zum Beispiel der Positronen-Emissions-Tomografie (PET) lässt sich nachweisen, dass weniger freies Dopamin im Gehirn vorhanden ist. Normalerweise besitzen die Nervenzellen in ihren Endungen – also dort, wo sie Kontakte mit anderen Zellen knüpfen – ein Reservoir an Dopamin, das immer wieder aufgefüllt wird. Auf den PET-Aufnahmen sieht man, dass die Kontaktstellen frei von Botenstoffen sind. Folglich fehlen diese dem Gehirn und die Kommunikation im Belohnungssystem ist gestört. Sehr deutlich zeigt sich außerdem, dass bei Patienten mit einer Depression bestimmte Gehirnstrukturen weniger aktiv sind als normal. Dabei handelt es sich um Strukturen, die zum Belohnungssystem gehören: Amygdala, Striatum, anteriores Cingulum und präfrontaler Kortex. Auf den Gehirnaufnahmen sieht man, dass dort im Falle einer Depression weniger Blut fließt, die Nervenzellen also weniger aktiv sind.

Seit vielen Jahren kann man das Belohnungssystem bei depressiven Patienten mithilfe der funktionellen Bildgebung (fMRT) gut untersuchen. Dabei wird das Belohnungssystem folgendermaßen aktiviert: Probanden müssen an einem Computer bestimmte Fragen beantworten, und für die richtigen Antworten bekommen sie Spielgeld auf ihr »Spielkonto« eingezahlt. Richtige Antworten, mit anderen Worten die Aktivierung im Belohnungssystem, kann man im fMRT sichtbar messen. Falsche Antworten werden mit »Geldentzug« geahndet, was zu einer Abnahme der Aktivierung des Belohnungssystems, genauer gesagt im Nucleus accumbens führt. Mittlerweile gibt es auch Metaanalysen, die die Vielzahl solcher Untersuchungen zusammenführen. So hat eine Metaanalyse mit 708 Probanden, davon 341 depressive Patienten und 367 Kontrollpersonen, gezeigt, dass das Belohnungssystem bei den Kranken fundamental gestört ist. Auch das Striatum funktioniert nicht richtig. Normalerweise wird dieser Kern von Nervenzellen, der auch zum Belohnungssystem gehört, aktiviert, wenn Versuchspersonen beispielsweise ein Computerspiel spielen und bei richtigen Antworten mit Spielgeld belohnt werden. Bei Menschen mit depressiven Störungen fällt die Aktivierung deutlich geringer aus, wobei der Frontallappen ungezielt überaktiv ist, ebenso das anteriore Cingulum, wenn eine Belohnung in Aussicht steht.

Man kann daraus schließen, dass bei einer Depression einerseits der Botenstoff Dopamin nicht so intensiv sprudelt wie bei Gesunden, wenn sie eine Aufgabe erfolgreich lösen. Darüber hinaus scheint das Belohnungssystem in seinen zentralen Regionen wie dem Frontallappen und dem anterioren Cingulum in der Phase der Bewertung überaktiv zu sein, obwohl es dann gar nicht notwendig wäre. Das heißt, die unterschiedlichen Zentren des Belohnungssystems arbeiten nicht mehr reibungslos miteinander und reagieren auf positive wie negative Reize offensichtlich falsch. Positive Reize wie beispielsweise ein Lob werden von einem depressiven Menschen nicht richtig wahrgenommen und führen allenfalls dazu, dass er oder sie nur vorübergehend befriedigt ist oder ein kurzfristiges Glücksgefühl erlebt. Der Betroffene ist somit nicht in der Lage, dieses durch das Lob ausgelöste positive Gefühl langfristig beizubehalten. Andererseits führen negative Reize, wie etwa ein Streit mit dem Ehepartner oder ein schwieriges Problem am Arbeitsplatz, zu einer stärkeren und länger anhaltenden negativen Bewertung, als notwendig wäre. Das Belohnungssystem im Gehirn arbeitet normalerweise wie eine Art Hydrauliksystem: Es verstärkt wie beim Autofahren die Lenkung oder bremst angemessen, um nicht aus der Spur geschleudert zu werden. Eine solche koordinierte Verstärkung fehlt bei der Depression, so als würde das Lenkrad schwergängig oder das Bremsen abrupt.

Aber was genau führt zu diesen Steuerungsproblemen des Belohnungssystems?

Wir wissen, dass bei Depressionen die Stressregulation gestört ist. Ärgern wir uns zum Beispiel über eine ungerechte Behandlung am Arbeitsplatz oder freuen wir uns über ein angenehmes Telefonat mit unserem Partner, so werden Stresshormone wie Kortisol freigesetzt. Kortisol hat die Aufgabe, unseren Organismus auf Stressfaktoren vorzubereiten, indem er auf Stressmodus umschaltet, damit der Körper mit Angriff oder Flucht, den evolutionär bedingten Reaktionsmustern, reagieren kann. Der Herzschlag geht hoch und das Gehirn schaltet in den Aufmerksamkeitsmodus. Hat sich der Ärger am Arbeitsplatz geklärt und das angenehme Telefonat ist in der Tagesroutine wieder vergessen, fällt der Kortisolspiegel ab und im Körper kehrt wieder Ruhe ein. Diese Ruhe wird dadurch erzielt, dass den Nebennieren, einem Organ, in welchem die Stresshormone produziert werden, rückgemeldet wird, dass sie kein weiteres Kortisol freisetzen müssen. Bei depressiven Erkrankungen ist aller Wahrscheinlichkeit nach dieser Rückmeldemechanismus gestört, und Kortisol wird weiter freigesetzt, auch wenn die Stressauslöser schon gar nicht mehr existieren. Dies führt bei den Betroffenen dazu, dass sie weiterhin unter Stress stehen, schlecht schlafen und an dem generellen Gefühl leiden, krank zu sein. Sie haben verschiedene körperliche Beschwerden wie Magenschmerzen oder Brustdruck. Wenn das Gehirn den Stressmodus aufrechterhält, führt das dazu, dass unter anderem das Belohnungssystem beziehungsweise das Glücksnetz aufhört, koordiniert zu arbeiten. Die in Kapitel 3 beschriebenen Aufgaben des Glücksnetzes bestehen darin, Informationen aller Sinnesorgane zu bewerten und daraus eine sinnvolle Handlungsanweisung zu machen. Aber das Glücksnetzwerk versagt. Das oben genannte Hydrauliksystem funktioniert nicht mehr, sodass positive Signale wie Freude oder negative Signale wie Ärger, Wut und Trauer nicht mehr richtig verstärkt beziehungsweise gedämpft werden. Bekannt ist in diesem Zusammenhang die Aussage von Betroffenen: »Jemand hat bei mir den Stecker gezogen.« Man fühlt sich krank, nichts funktioniert mehr richtig, weder der Körper noch die Psyche.

Die Symptome der Depression entwickeln sich wie bei vielen anderen schweren Erkrankungen schrittweise. Wie wir an den Beispielpatienten Lara und Georg beobachten können, gehen die Beschwerden oft im Rahmen eines normalen Gefühls der Erschöpfung unter. Und erschöpft ist jeder von uns mal, der den gängigen Belastungen des Alltags ausgesetzt ist. Es fällt darum nicht leicht, eine Depression früh zu erkennen. Erschwerend kommt hinzu, dass bei jedem Betroffenen der Körper anders reagiert und sich den Gegebenheiten anpasst, eben wie ein Chamäleon. Deswegen sind viele Untersuchungen notwendig, um alle denkbaren organischen Erkrankungen ausschließen und eine Depression sicher diagnostizieren zu können. Dem geschulten Auge fallen die Beschwerden, ausgelöst durch ein beeinträchtigtes Glücksnetzwerk, allerdings relativ früh auf. Deswegen ist die Depression für den Facharzt auch nicht nur eine Ausschlussdiagnose, sondern kann verlässlich auf der Grundlage der Symptome diagnostiziert werden.

Warum erkranken Menschen wie Lara oder Georg an einer Depression? Man hat anhand von Untersuchungen bei Zwillingen herausgefunden, dass das Erbgut eine wichtige Rolle spielt. Wenn einer der Zwillinge an einer Depression leidet oder einmal gelitten hat, besteht für den anderen Zwilling ein Risiko von 50 Prozent, dass er oder sie ebenfalls im Laufe seines Lebens erkranken wird. Insgesamt, das weiß man aus Untersuchungen mit etwa 200 000 Patienten und Kontrollpersonen, sind etwa 50 Gene beteiligt, die das Risiko, an einer Depression zu erkranken, mitbestimmen.

Allerdings erkranken nicht alle Zwillinge von Betroffenen an einer Depression. Neben dem genetischen Risiko spielen Umweltfaktoren ebenfalls eine entscheidende Rolle, damit sich bei Personen wie Lara oder Georg eine Depression entwickelt. So wissen wir beispielsweise bei Lara, dass ihre Mutter nach Laras Geburt an einer kurzen depressiven Episode litt und Lara selber nach dem Abitur ein Burn-out entwickelte, was aber im Rahmen einer sechsmonatigen Auszeit wieder abgeklungen war. Als zusätzlicher Stressfaktor kam bei Lara vor dem Beginn ihrer Erkrankung dazu, dass ihre Tochter wegen einer Pollenallergie immer wieder Asthma-Anfälle bekommt und insbesondere nachts die Eltern nicht schlafen lässt. Und außerdem belastete Lara auch, dass ihr Vater in den letzten Jahren Anzeichen einer beginnenden Demenz gezeigt hat.

In Georgs Familie gibt es keine bekannten Fälle von Depression, aber Georg hatte einen schweren Start ins Leben. Sein Vater starb sehr früh und seine Mutter heiratete ein zweites Mal. Der Stiefvater war zwar kein schlechter Mensch, hatte aber Schwierigkeiten, Georg und seinem Bruder die Liebe und Nähe zu geben, die die beiden sich gewünscht hätten. Der Stiefvater war sehr sportlich und forderte das auch von seinen Stiefsöhnen. Georg hatte immer versucht, ihm nachzueifern, was ihm aber nicht gelang, weil ihm Sport einfach nicht lag. Vor dem Ausbruch der Erkrankung war Georg zwar die Karriereleiter emporgestiegen, musste sich aber auch mit Aufgaben abquälen, die ihm nicht lagen. Gerade das Thema Digitalisierung hatte ihn bis an den Rand der Verzweiflung gebracht.

Bei beiden Beispielen kommen offensichtlich eine

Veranlagung wie bei Lara sowie verschiedene Umwelt-stressfaktoren zusammen. Wir wissen, dass Ereignisse früh im Leben, bis zum Alter etwa von sieben Jahren, das Risiko einer Depression erhöhen: Wer von seinen Eltern schlecht behandelt wird oder – noch schlimmer – Vater oder Mutter verliert, muss leider damit rechnen, später eher zu erkranken als andere. Wie bereits erwähnt ist eine glückliche Kindheit enorm wichtig, damit wir eine gesunde Psyche und ein gesundes Nervensystem entwickeln und so insbesondere die Interaktion zwischen präfrontalem Kortex und subkortikalen Strukturen, wie der Amygdala, später funktioniert – also die Strukturen, die für unser Belohnungssystem entscheidend sind. Erfahren wir aber in dieser Zeit zu wenig Liebe, sind uns selbst überlassen oder werden möglicherweise auch noch misshandelt, so hinterlässt dies Spuren in unserem Gehirn. Es ist gut belegt, dass mindestens ein Drittel der Patienten mit einer Depression in der Kindheit und Jugend entweder keine ausreichende Zuwendung erhalten haben oder missbraucht worden sind. Auch aus Versuchen mit Ratten wissen wir, dass die Tiere sensibler auf Stressfaktoren reagieren, wenn sie von ihren Müttern vernachlässigt worden sind.

Da sich Menschen in ihren Möglichkeiten, Stress zu verarbeiten, deutlich unterscheiden, werden gängige Belastungen des Lebens wie zum Beispiel ein interessanter, aber auch aufreibender Job, eine süße, aber auch anstrengende und phasenweise kranke Tochter oder ein genervter Partner als unterschiedlich starke Belastung wahrgenommen. Man spricht in diesem Zusammenhang von der »allostatischen Last«. Darunter versteht man eine Art Punktekonto für Stress. Wissenschaftler gehen davon aus, dass jeder Mensch nur eine gewisse Menge an Stress im Leben vertragen und ausgleichen kann. Diese Grenze ist individuell und am besten mit dem Begriff Resilienz beschrieben. Wird das Punktekonto überschritten, reagiert der Mensch am Anfang mit psychosomatischen Beschwerden, die bei fortdauernder Belastung zu einem Burn-out führen, welcher als Vorphase einer psychischen Erkrankung betrachtet wird. Ursprünglich hat man den Begriff des Burn-outs nur im Zusammenhang mit dem Arbeitsplatz verwendet, bei Menschen also, die vor allem durch ihren Job belastet waren. Inzwischen hat es sich aber etabliert, mit ihm die Folge verschiedener möglicher Belastungen zu beschreiben.

Bei Personen, bei denen ein Arzt den Verdacht auf ein Burn-out-Syndrom äußert oder diese Diagnose stellt, kann sich in über zwei Dritteln der Fälle eine Depression, eine Angststörung oder eine sogenannte somatoforme Störung entwickeln, bei der es zu mehreren körperlichen Beschwerden kommt, ohne dass man diese konkret messen könnte. Deshalb ist es wichtig, auf die Frühzeichen einer Überforderung zu achten, damit kein Burn-out-Syndrom entstehen kann. Und wenn ein Burn-out bereits eingetreten ist, muss man intervenieren, damit sich nicht das Vollbild einer psychischen Erkrankung entwickelt.

Liegt wie bei Lara und Georg eine depressive Erkrankung vor, so stellt sich die Frage, was man tun kann und muss, um dem Glücknetzwerk wieder auf die Beine zu helfen. Wie bei den meisten Erkrankungen gibt es auch für Depression sogenannte Leitlinien. Sie enthalten Empfehlungen, wie man fachgerecht eine Diagnose stellt und die Depression behandeln kann. Im Falle von Lara und Georg würde man die Beschwerden im Sinne einer »mittelgradig depressiven Episode« zusammenfassen und den Betroffenen empfehlen, eine Psychotherapie zu machen und/oder Antidepressiva zu nehmen.

Gegen Medikamente bestehen zwar viele Vorbehalte, sie haben aber Vorteile. Wenn Betroffene nur eine Psychotherapie machen, dauert es in der Regel sieben Wochen, bis sich ihr Zustand spürbar bessert. Nehmen sie ein Antidepressivum, dann sieht man einen Fortschritt bereits nach zwei bis drei Wochen. Allerdings ist die Rückfallgefahr höher, wenn man nur Medikamente schluckt und keine Psychotherapie macht. Insofern würden die meisten Ärzte Lara und Georg empfehlen, möglichst schnell mit der Einnahme eines Antidepressivums zu beginnen und parallel mit einer Psychotherapie anzufangen.

Was bewirken nun die Antidepressiva beziehungsweise die Psychotherapie? Medikamente gegen Depressionen sind in den 50er- und 60er-Jahren des letzten Jahrhunderts entwickelt worden, ihr exakter Wirkmechanismus ist bis heute jedoch nicht ganz klar. Fest steht, dass sie die Katecholamine wie Dopamin, Serotonin und Noradrenalin im Blut und im Urin erhöhen. Über bildgebende Verfahren lässt sich im Gehirn direkt messen, dass diese Transmitter ansteigen. Darüber hinaus ist bekannt, dass Antidepressiva die Nervenzellen gewissermaßen wachsen lassen. Das heißt, die Nervenzellen werden angeregt, den Kontakt zur Nachbarzelle zu suchen und sich über Synapsen zu verknüpfen. Damit können die Zellen besser kommunizieren und das Netzwerk wird effizienter. Insbesondere das Glücksnetz, welches bei der Depression erkrankt ist, fängt mithilfe der Botenstoffe wieder an, seine gewohnte Arbeitsweise aufzunehmen. Die gestörte Kommunikation zwischen präfrontalem Kortex und subkortikalen Strukturen wie der Amygdala wird durch Antidepressiva normalisiert.

Was passiert nun bei der Psychotherapie? Interessanterweise konnten Untersuchungen der amerikanischen Wissenschaftlerin Helen Mayberg von der Emory University in Atlanta zeigen, dass sowohl Antidepressiva als auch eine Psychotherapie an sehr ähnlichen Regionen des Gehirns ansetzen. Insbesondere scheinen gewisse Teile des Stirnhirns ihren Aktivitätszustand zu normalisieren, wenn die Betroffenen auf die Therapie positiv ansprechen. Im Grunde wirken Antidepressiva und Psychotherapie an denselben Gehirnregionen, insbesondere des Belohnungssystems, und führen auch über ähnliche Mechanismen zur Gesundung. Zwar setzen die positiven Effekte bei Antidepressiva bereits nach circa zwei bis drei Wochen, bei Psychotherapie erst nach circa sechs bis sieben Wochen ein, dafür sind die durch die Psychotherapie zunächst nachhaltiger, was bedeutet, dass Rückfälle mit einer Psychotherapie eher verhindert werden als mit Antidepressiva.

Helfen weder Antidepressiva noch Psychotherapie und bleiben dazu noch schwere Symptome wie Selbstmordgedanken bestehen, dann kann im Einzelfall die Tiefenhirnstimulation eingesetzt werden, eine Behandlung, bei der eine Elektrode gezielt in einen Nervenstrang im tief liegenden Hirnstamm geschoben, mit einem unter dem Brustmuskel eingelegten Stimulationsgerät verbunden und dann elektrisch gereizt wird. Die entsprechende Gehirnregion wird angeregt und normalisiert so das mit dieser Region verbundene neuronale Netzwerk. Diese Therapie befindet sich noch im experimentellen Status und kommt bei besonders schweren Fällen von Depression zum Einsatz, wobei sich immerhin bei der Hälfte der Patienten die depressive Symptomatik zurückbildet.

Zusammenfassend kann man sagen, dass eine Behandlung des Glücksnetzwerks und des diesem zugrunde liegenden Belohnungssystems eine wichtige Voraussetzung ist, damit Menschen mit einer Depression wieder Freude empfinden können und genug Energie aufbringen können, um ein gesundes und normales Leben zu führen.

Die perfekte Therapie gibt es nicht

Wie effektiv sind Antidepressiva beziehungsweise Psychotherapie? Aus großen Untersuchungen wie der US-amerikanischen STAR-D-Studie wissen wir, dass circa ein Drittel aller Patienten mit einer Depression sehr gut auf die Gabe eines Antidepressivums, zum Beispiel aus der Gruppe der selektiven Serotonin-Wiederaufnahmehemmer (SSRIs), reagieren. Bei den verbleibenden zwei Dritteln wirkt dieses Antidepressivum nur unzureichend, weshalb im Rahmen der Star-D-Studie auf ein Antidepressivum aus der Gruppe der dual wirksamen Antidepressiva, also der Serotonin-Nor-adrenalin-Wiederaufnahmehemmer (SNRI), umgestiegen wird. Im Unterschied zu den SSRI, welche nur den Serotoninspiegels im Gehirn erhöhen, steigern SNRI darüber hinaus auch den Noradrenalinspiegel und führen somit zu einer Verbesserung der Stimmung und des Antriebs. Bei dem verbleibenden Drittel, bei dem beide Wirkstoffe nicht anschlagen, wird man mit anderen Antidepressiva, zum Beispiel MAO-Hemmern oder einer Kombinationstherapie, helfen können. Es bleiben aber trotzdem 10 bis 15 Prozent an Erkrankten, die nur unvollständig oder gar nicht auf irgendwelche Antidepressiva ansprechen.

Leider ist der Einsatz von Psychotherapie bei der Depression, alleine oder in Kombination, nicht effektiver als Medikamente und führt letztendlich zu ähnlichen Resultaten. Antidepressiva genießen unter anderem wegen ihrer Nebenwirkungen einen schlechteren Ruf als die Psychotherapie. Diese kann jedoch auch bestimmte Nebenwirkungen haben, und folglich muss der Einsatz beider Methoden zusammen mit dem Patienten abgewogen werden.

Etwa eine Million Menschen in Deutschland leiden unter einer sogenannten chronischen Depression, was bedeutet, dass ihre Beschwerden bereits länger als zwei Jahre andauern und in diesem Zeitraum nur wenig zurückgegangen sind. Einige weitere Therapieansätze können manchen dieser Menschen helfen: die Elektrokrampftherapie, also Elektroschocks, die Gabe von Ketamin, einem Mittel, das zur Betäubung und gegen Schmerzen verwendet wird und bei manchen Patienten antidepressiv wirkt, oder aber auch spezielle

Psychotherapien wie die Cognitive Behavioral Analysis System of Psychotherapy (CBASP), welche keine reine kognitive Verhaltenstherapie ist, sondern zudem die Analyse der eigenen Situation sowie das Üben zwischenmenschlicher Interaktionsmuster integriert. Trotzdem führen bei zehn bis 20 Prozent der Betroffenen keine der genannten Maßnahmen dazu, dass ihre Beschwerden nenneswert abnehmen. Das heißt, dass die medizinische Forschung dringend neue Behandlungsmöglichkeiten finden muss.

Auf einen Blick

- Depressionen sind ein Gehirnzustand, der sich durch Symptome wie Freudlosigkeit, Mangel an Interesse und reduzierten Antrieb manifestiert.
- Etwa fünf bis acht Prozent der Bevölkerung leiden an Depressionen.
- Depressionen können zumindest teilweise auf eine Störung des Glücksnetzes im Gehirn der Betroffenen zurückgeführt werden.
- Bei einer Depression ist die Kommunikation in Hirnregionen des sogenannten Belohnungssystems gestört. Das führt dazu, dass negative Reize intensiver erlebt, positive Reize nicht gut genug bewertet werden und positive Gefühle nicht aufrechterhalten werden können.
- Wichtig sind demnach eine frühe Diagnose und der gezielte Einsatz von Antidepressiva und/oder Psychotherapie, um das erkrankte Glücksnetzwerk wiederherzustellen.

7 Happy Pills – der kurze Weg zum Wohlbefinden?

Justus ist 17 Jahre alt und umgeben von Menschen, die irgendwie stets auf der Sonnenseite des Lebens zu stehen scheinen und es einfach »drauf haben«. Sein Vater ist Ingenieur und beruflich sehr erfolgreich, daneben auch sportlich und immer gut gelaunt. Sein jüngerer Bruder ist ein Ass im Tennis und Segeln, und auch in der Schule gehört er zu den Besten. Justus dagegen ist anders: Seine Leistungen sind in Ordnung, aber er muss sich sehr anstrengen, um zum Durchschnitt der Klasse zu gehören. Um sein Lernpensum zu schaffen, insbesondere in Abendstunden, fing er ziemlich jung an, Kaffee zu trinken, und als dies nicht mehr ausreichte, trank er Energydrinks. Die Folgen waren, wenig überraschend, Schlafstörungen. Er wachte regelmäßig am frühen Morgen gerädert auf, konnte aber nicht mehr einschlafen. Bis er sich von einem Schulfreund angeblich harmlose Schlaftabletten besorgte. Trotzdem hatte er richtig Angst vor der anstehenden Klausur in Mathe, er konnte sich den Stoff nicht einprägen oder vergaß ihn wieder. Wenn er im Unterricht Fragen beantworten sollte, wurde er fahrig und machte Fehler. Da sprang ihm wieder ein Schulfreund bei und besorgte ihm Modafinil. »Super Zeug, hilft immer vor den Klausuren«, meinte er. Er solle einfach nur 100 bis 200 Milligramm nehmen, dann habe er keine Leistungsprobleme mehr. Justus folgte dem Rat, und zumindest die Matheklausur lief gut.

Doch dann verschlechterte sich sein Zustand. Wegen der ständigen Schlafstörungen litt er tagsüber unter mangelnder Konzentration, er wurde weinerlich und es fehlte ihm die rechte Lust am Leben. Zu Hause verkroch er sich in sein Zimmer, und auch mit seinen Freunden wollte er nicht mehr reden. Seine Leistungen in der Schule fielen ab, und schließlich brachten ihn seine Eltern zum Hausarzt. Der checkte ihn durch und kam zu dem Ergebnis, dass Justus möglicherweise unter einer beginnenden Depression litt. Von dem Modafinil und dem Cocktail aus Kaffee und Energydrinks wusste der Arzt freilich nichts. Allerdings fand die Mutter beim Aufräumen ein Döschen mit Pillen und stellte Justus zur Rede. Nach und nach rückte dieser mit der Wahrheit raus und gestand, dass er schon seit gut anderthalb Jahren versuche, mit den verschiedenen Mitteln seine schulischen Leistungen zu optimieren.

Nicht nur viele junge Menschen, die sich dem Leistungsdruck nicht gewachsen fühlen, nutzen Substanzen, um sich aufzuputschen und leistungsfähiger zu sein, sondern wie das folgende Beispiel zeigt, geraten auch ältere Menschen leicht in die Spirale solcher Mittel.

Renate ist 63 und muss bis zur Rente noch zwei Jahre arbeiten, damit sie dann ihre Wohnung abbezahlt hat und monatlich auch ein bisschen zum Internatsbesuch des Enkels beitragen kann. Mit ihrem jetzigen Gehalt geht das einigermaßen, aber ihr Job in der Bank fällt ihr von Monat zu Monat schwerer. In den letzten Monaten haben die Aufgaben deutlich zugenommen, gleichzeitig ist die Zahl der Kollegen weiter gesunken. Sie muss immer wieder Überstunden machen, um einigermaßen ihr Pensum zu schaffen, und am Wochenende fällt es ihr schwer, sich zu regenerieren. Das Lesen längerer Vorgänge und auch komplizierte Kundengespräche belasten sie. Als sie sich eines Tages in der Apotheke ein Mittel gegen ihre Erkältung holt, liest sie den Hinweis, dass Ginkgo-biloba-Extrakte die kognitive Leistungsfähigkeit beim Menschen im höheren Lebensalter verbessern helfen würden. Sie lässt sich vom Apotheker beraten und nimmt nun regelmäßig Ginkgo ein. Sie hat das Gefühl, dass sie sich besser konzentrieren kann und ruhiger wird. Daneben nimmt sie regelmäßig ihre Baldrian-Tabletten, wodurch auch das Schlafen besser und ruhiger geworden ist. Wie jeden Freitagabend trifft man sich zum Doppelkopf, und in der Runde kommt das Gespräch auf sogenannte Happy Pills. Ihr Tischnachbar, ein Chemiker, der sonst ruhig und introvertiert ist, schimpft ganz mächtig auf die pharmazeutische Industrie, die gesunden Menschen Pillen andreht, damit sie leistungsfähiger werden und bis zum Umfallen arbeiten können. Renate geht dieses Gespräch nicht mehr aus dem Kopf, und bei ihrem nächsten Termin beim Hausarzt spricht sie das Thema »Hirndoping« an. Dieser winkt ab und meint, es hätte doch jeder die eine oder andere Methode, um fit zu bleiben. Wie es mit der regelmäßigen Tasse Kaffee aussehe oder der Zigarette zur Entspannung?

»Enhancement« heißt so viel wie Verbesserung und mangels einer einheitlichen Übersetzung hat sich der Begriff auch im Deutschen etabliert. Unter Enhancement versteht man den Versuch, den Zustand von Körper und Psyche zu verbessern, ohne dass eine Krankheit vorliegen würde. In der Bioethik spricht man auch vom Einsatz pharmakologischer oder biotechnischer Mittel, die verbessern, verschönern oder die Leistung bei Gesunden steigern sollen – dies wird auch als Gegenbegriff zur »Therapie, die Krankheiten heilen soll« verwendet. Es gibt verschiedene Formen des Enhancement, je nachdem ob zum Beispiel die Gedächtnisleistung (Neuro-Enhancement) oder die Emotionslage (Mood-Enhancement) verbessert werden soll.

Doch lässt sich das Glück wirklich künstlich steigern? Wie bereits gezeigt, kann man die Funktionsfähigkeit des Belohnungssystems verbessern und damit gewissermaßen das Glücksnetz auf Touren bringen. Es gibt gute Rezepte, um auf natürlichem Wege glücklich und zufrieden zu sein. So haben Menschen, die in einer guten Beziehung sind, einen erfüllenden Beruf ausüben, eine Familie und einen anregenden Freundeskreis haben, in der Regel das Gefühl, ein glückliches und erfülltes Leben zu führen. Das Empfinden, das hierbei entsteht, kommt nicht über Nacht, sondern ist das Produkt eines langen Weges und einer intensiven Anstrengung, seine eigenen Erwartungen und die der anderen zu erfüllen und zu einem positiven Gesamtbild zusammenzufügen. Glück, oder vielmehr das Glücksgefühl, entsteht letztendlich dann, wenn die eigenen Vorstellungen und Werte mit den Wertmaßstäben anderer übereinstimmen. Ein Gefühl des Einklangs stellt sich ein, um das allerdings ständig intensiv gekämpft und gerungen werden muss. Denn die Umwelt verändert sich, die Menschen um uns herum verändern ihre Wünsche und Erwartungen an sich selbst und an uns. Wir selbst verändern uns auch, und wer sich nicht anpassen will oder kann, wird irgendwann nicht mehr in den selbst gesteckten Rahmen beziehungsweise die Erwartungen der anderen passen, unzufrieden und schließlich unglücklich werden. Der physiologische Alterungsprozess des Menschen dient hier als gutes Beispiel: Die Haut wird faltig, die Haare werden grau und die innere Spannkraft lässt nach – Veränderung eben. Dies passiert aber nicht über Nacht. Wenn wir also diese Umstellungen schrittweise akzeptieren oder uns gar mit ihnen anfreunden, können wir auch im Alter glücklich sein. Wenn wir jedoch den Veränderungen, die der Alterungsprozess mit sich bringt, trotzen und versuchen, künstlich jung zu bleiben, ist das Unglücklichsein programmiert. Wir werden enttäuscht sein, sowohl von uns selbst als auch von den Reaktionen der Umwelt, und die Auseinandersetzung mit dem Alter wird zur Qual.

Die künstliche Glückssteigerung dagegen wirkt schnell. Ein emotionales Enhancement führt auf dem kurzen Weg dazu, dass das Belohnungssystem aktiviert wird und ein kurzfristiges intensives Glücksgefühl entsteht. Wenn dieses Glücksgefühl jedoch nicht von Taten untermauert wird, wird es nur von kurzer Dauer sein und nach neuer Stimulation verlangen, so wie das Gehirn bei einer Sucht immer neuen

»Stoff« braucht. Einfache Methoden, um vorhandene positive Emotionen zu verstärken, sind beispielsweise Joggen oder Sport überhaupt, denn Bewegung führt dazu, dass das endogene, also körpereigene Stresssystem Endorphine, also opiatähnliche Substanzen, sowie Kortisol ausschüttet. Die Endorphine regeln Empfindungen wie Schmerz und Hunger. Und bei bestimmten körperlichen Anstrengungen wie beispielsweise beim Sport (oder bei Schmerzerfahrung) kann die Ausschüttung von Endorphinen ein Glücksempfinden hervorrufen (auch bekannt als Runner's High). Auch wenn sie individuell ganz unterschiedlich erlebt wird, ist diese Wirkung inzwischen medizinisch anerkannt.

Die Ausschüttung von körpereigenen Opiaten und Kortisol führt dazu, dass sich die Stimmung vorübergehend bessert und die Konzentrationsfähigkeit zunimmt. Wenn mehr Kortisol im Körper ist, wird ein Prozess, der sogenannte CREB-Pathway, aktiviert und es verbessern sich die synaptischen Prozesse im Gehirn. Das heißt, die Kontaktstellen zwischen den Nervenzellen arbeiten effizienter und damit kann das Gehirn Reize schneller verarbeiten. Das bewirkt letztendlich auch, dass man Freude intensiver empfindet, aber auch Schmerz und andere Gefühle.

Den Kaffeegenuss und die gelegentliche Zigarette kann man als Soft-Doping bezeichnen. Das in Kaffee enthaltene Koffein blockiert den Adenosinrezeptor im Zentralnervensystem, so wird weniger von dem »Müdemacher« Adenosin ausgeschüttet und man fühlt sich wieder wacher. Gleichzeitig wird das am Adenosinrezeptor angedockte Koffein aktiviert und löst eine

Signalkaskade innerhalb des Gehirns aus – so kommt es indirekt zu einer vermehrten Ausschüttung von Dopamin. Diese dopaminergen Stimulanzien (wie also auch Koffein) fördern wiederum die Konzentrationsfähigkeit. Nikotin bewirkt, dass Adrenalin, Dopamin und Serotonin freigesetzt werden und hat in niedrigen Mengen dadurch stimulierende Effekte. Einerseits steigert es die Aufmerksamkeits- und Gedächtnisleistungen und bewirkt andererseits bei manch negativer Stimmungslage eine Entspannung. Zum Soft-Doping gehört ebenso die Einnahme von Ginkgo-biloba-Extrakten. Dieser pflanzliche Wirkstoff soll das Gehirn leistungsfähiger machen, allerdings gibt es dafür keinen eindeutigen Beweis. Neben Koffein führen auch Energydrinks kurzfristig dazu, dass sich die Kognition, aber auch die Gefühlslage verbessert.

Die genannten »Dopingverfahren« kann man alle als Neuro-Enhancement bezeichnen. Sie wirken auf die Denkfähigkeit und auf die Emotionen gleichermaßen, entweder direkt, wie oben dargelegt, über die verbesserten synaptischen Prozesse oder indirekt über die Blockade des Adenosinrezeptors durch eine Optimierung der Funktion der neuronalen Schaltkreise. Die meisten Studien zur Wirkung von Neuro-Enhancement untersuchen jedoch nur kognitive Fähigkeiten. Die Probanden müssen dabei klassische Aufgaben von Intelligenztests bewältigen, wie Wörter bilden oder Rechenaufgaben lösen. Denn das lässt sich einfacher untersuchen und abfragen als Gefühle. Daher gibt es auch kaum Studien, die lediglich die Verbesserung der Emotion im Sinne eines Mood-Enhancement untersucht haben.

Aufputschen mit Ritalin

Etwa 100 verschiedene Substanzen, die man bisher im Rahmen von klinischen Studien untersucht hat, verbessern die kognitive Leistungsfähigkeit nachweislich. Am häufigsten wird dabei der Wirkstoff Methylphenidat missbraucht (auch unter dem Handelsnamen Ritalin bekannt). Dieser Arzneistoff mit stimulierender Wirkung wird zur Behandlung der Aufmerksamkeitsdefizit-/Hyperaktivitätsstörung (ADHS) bei Kindern verschrieben. Das Mittel wird auch bei Narkolepsie, der sogenannten Schlafkrankheit, eingesetzt, ist dafür allerdings nicht zugelassen. Eine weitere häufig genommene Substanz ist Modafinil. Damit wird die exzessive Schläfrigkeit behandelt, die bei der Narkolepsie auftritt. Das Mittel ist ausschließlich dafür zugelassen.

Diese Substanzen führen nachweislich dazu, dass sich die kognitive Leistungsfähigkeit verbessert – allerdings nur bei Personen, die müde sind und einen ausgeprägten Schlafmangel haben. Bei Gesunden ohne Schlafdefizit ist der Effekt nicht nachweisbar. Deshalb ist es ein Missverständnis oder eine falsche Erwartung, dass Neuro-Enhancement bei gesunden, ausgeruhten Personen wirkt und die kognitive Leistung ohne eigene Anstrengung gesteigert werden könnte. Nur wenn Menschen müde sind, verbessern Methylphenidat und Modafinil wie Koffein die kognitive und emotionale Leistungsfähigkeit. Allerdings haben diese Medikamente Nebenwirkungen: Sie können zu Abhängigkeit führen und bei längerem Gebrauch affektive Erkrankungen wie eine Depression oder Manien beziehungsweise Psychosen auslösen. Darüber hinaus sind beide Substanzen, aber auch Koffein, noch aus einem weiteren Grund gefährlich: Sie führen dazu, dass wir uns leistungsfähiger fühlen, als wir es eigentlich sind. Tatsächlich würde der Organismus dringend eine Pause brauchen, nimmt jedoch nicht wahr, dass er an der Grenze seiner eigentlichen Leistungsfähigkeit angekommen ist. Die Folge: Man übernimmt sich und so kommt es etwa bei sportlichen Aktivitäten zu Verletzungen.

Methylphenidat gehört zu den sogenannten psychoaktiven Stimulanzien, es wirkt wie Amphetamin, also stark aufputschend. Genauer gesagt fördert es die biochemische Übertragung von Signalen zwischen Nervenzellen. Das geschieht, indem die Botenstoffe Noradrenalin und Dopamin, die in den Synapsen von Neuronen gespeichert sind, freigesetzt werden. Normalerweise werden diese Überträgerstoffe wieder in den Bläschen der Synapsen aufgenommen und dort gespeichert, sobald sie ihre Aufgabe erfüllt haben. Methylphenidat aber bewirkt das Gegenteil, denn es hemmt diese Rückaufnahme. Das hat zur Folge, dass Noradrenalin und Dopamin im synaptischen Spalt länger verfügbar sind und damit die Signalübertragung von Zelle zu Zelle länger möglich ist. Bei regelmäßiger Einnahme können diese Mechanismen dann aber zu einem abrupten Stillstand oder einer Überreizung des Systems führen, und es entstehen Nebenwirkungen wie extreme Müdigkeit und Schlafstörungen.

Modafinil wirkt anders. Es gehört zu den sogenannten Sympathomimetika, die stimulierend auf den Sympathikus wirken. Der Sympathikus ist ein Teil des vegetativen, also unwillkürlichen Nervensystems, das die inneren Organe steuert und hierbei die Aktionsfähigkeit verbessert. Durch eine Erhöhung der Botenstoffe im synaptischen Spalt steigert Modafinil den Blutdruck und die Herzfrequenz, die Atemwege erweitern sich und der Körper wird leistungsfähiger und verbraucht mehr Energie. Das macht sich auch bemerkbar durch eine gewisse Euphorie und eine Hemmung des Hungerzentrums im Zwischenhirn, man hat also weniger Appetit. Modafinil verbessert bei Müdigkeit eindeutig die Wachheit, Aufmerksamkeit und Reaktionsgeschwindigkeit.

Neben Methylphenidat und Modafinil gehören auch Medikamente gegen Demenz zu den sogenannten Smart Drugs, also Substanzen, die uns » schlauer « machen sollen. Diese Antidementiva sind zum Beispiel Acetylcholinesterasehemmer (AChE), NMDA-Rezeptor-Antagonisten und Nootrotropika, also Arzneimittel, die für die Behandlung einer Demenz zugelassen sind oder gerade erprobt werden. Acetylcholinesterasehemmer wie Donepezil (in Deutschland für die Therapie von Alzheimer-Demenz zugelassen) hemmen den Abbau von freigesetztem Acetylcholin, einem der wichtigsten Botenstoffe und bedeutend für die Gedächtnisleistung. Da die Acetylcholin produzierenden Zellen bei der Demenz absterben, können diese Medikamente die Gedächtnisleistung bei Demenz für circa ein bis zwei Jahre verbessern, verlieren aufgrund des während der Krankheit zunehmenden Zellverlusts aber dann ihre Wirkung. Für Gesunde ist ihre Wirkung jedoch unklar, da Studien hier zu unterschiedlichen Ergebnissen kommen. Ein positiver Effekt konnte letztendlich nur für Donepezil anhand einer kleinen Stichprobe nachgewiesen werden. Wie viele gesunde Menschen diese Smart Drugs derzeit nehmen, ist nicht bekannt.

NMDA-Rezeptor-Antagonisten wie Memantin blockieren die Wirkung von Glutamat auf die Nervenzellen. Das führt dazu, dass die Neuronen besser erregbar sind und schneller elektrische Signale feuern können – im Übermaß führt das zum Zelltod. Mit anderen Worten schützt Memantin die Zellen vor zu viel Erregung und verbessert somit ihre Leistungsfähigkeit und sorgt für ihr Überleben. Aus Tierversuchen zur Alzheimer-Demenz wissen wir, dass sich in der Frühphase der Erkrankung die Zellen durch Erregbarkeit auszeichnen, somit verbessert Memantin in der Frühphase dementsprechend die Gedächtnisleistung für eine gewisse Zeit. Für Gesunde ist allerdings kein konsistenter positiver Effekt auf die Kognition nachgewiesen worden.

Pirazeptam, ein Medikament gegen Demenz, verbessert ebenfalls den Gehirnstoffwechsel, und es gibt Hinweise darauf, dass es das Sprachgedächtnis bei Gesunden verbessert.

Zu den Happy Pills gehören darüber hinaus natürlich auch die Medikamente gegen Depressionen. Antidepressiva erhöhen die Konzentration des Botenstoffs Serotonin im Gehirn und gleichen damit das Defizit an Serotonin bei einer Depression aus. Antidepressiva wirken aber nicht nur bei Depression, sondern auch bei Angsterkrankungen, Zwangserkrankungen oder Bulimie und sind dafür auch zugelassen. Bei Gesunden wirken sie allerdings nicht oder nur vereinzelt und sind entsprechend auch nicht zugelassen. Auch pflanzliche Produkte können die Stimmung verbessern. So hat man beispielsweise Johanniskraut mit wirksamen Antidepressiva verglichen und nachgewiesen, dass es ähnlich gut hilft. Warum das so ist und was Johanniskraut genau im Gehirn bewirkt, ist allerdings unklar. Man vermutet, dass Johanniskraut wie die Antidepressiva der Gruppe der SSRI (selektive Serotonin-Wiederaufnahmehemmer) funktioniert, nämlich indem es die Wiederaufnahme von Serotonin in den synaptischen Vesikeln blockiert und damit die verfügbare Menge des Botenstoffs im Gehirn erhöht.

Nicht zuletzt verbessern auch Betablocker die Stimmung. Insbesondere Bisoprolol hemmt die Wirkung der Angsthormone Adrenalin und Noradrenalin und führt über diesen Mechanismus dazu, dass Stressgefühle gedämpft werden. Ursprünglich zugelassen für Patienten mit Bluthochdruck, wird dieses Medikament gerne bei Lampenfieber oder Prüfungsangst eingenommen.

Erfolg ohne Doping

Nun könnte man sich fragen, warum Gehirn-Doping überhaupt sein muss. Soll man tatsächlich Medikamente einnehmen, um die Funktion des Gehirns zu verbessern? Interessanterweise finden das viele Menschen in Ordnung: Laut einer Umfrage der Deutschen

Angestelltenkrankenkasse, dem *DAK-Gesundheitsreport*, hält jeder vierte Befragte ein Hirn-Doping durch Psychopharmaka für vertretbar. Fünf Prozent der Erwerbstätigen in Deutschland haben bereits Medikamente zur kognitiven Leistungssteigerung eingenommen. Etwa zwei Prozent der Schüler haben bereits verschreibungspflichtige Substanzen zum Hirn-Doping geschluckt. In den USA sollen es sogar 16 Prozent der Schüler und Studenten sein, die für eine Verbesserung der Hirnleistungsfähigkeit Methylphenidat beziehungsweise Dextroamphetamin eingenommen haben. Welche Folgen das für die Gehirnstruktur und Hirnfunktion hat, ist derzeit noch unklar.

Warum greifen so viele Menschen zu diesen Mitteln? Wie wir zu Beginn dieses Kapitels am Beispiel von Justus und Renate gesehen haben, sind wir in unterschiedlichen Lebensphasen verschiedenen Belastungen ausgesetzt. Insbesondere jüngere Menschen müssen in der Ausbildungsphase Prüfungen bestehen, ihren Berufseinstieg finden und sich mit dem Thema Partnerschaft auseinandersetzen. Menschen in der zweiten Hälfte ihres Lebens müssen oft erkennen, dass sie weniger leistungsfähig sind, was gesellschaftlich nur bedingt toleriert wird. Bei beiden Beispielen, sowohl bei Justus als auch bei Renate, scheint nachvollziehbar, warum sie zu Enhancern greifen. Beide wollen leistungsmäßig mithalten können. Es scheint, als ob diese Menschen sich quasi gezwungen fühlen, den kurzen Weg zu Zufriedenheit und Glück einzuschlagen. Die Angst, nicht bestehen zu können, ist größer als die Angst vor Abhängigkeit oder Nebenwirkungen.

Was sind die Alternativen, um unsere Kognition und Gefühlslage in belastenden Situationen zu verbessern? Wie bereits dargestellt, entstehen Belastung und schädlicher Stress oft dann, wenn die realen Gegebenheiten und die Erwartungen nicht übereinstimmen. Justus erwartet, dass er so leistungsfähig ist wie sein Vater oder sein jüngerer Bruder. Ein Weg aus dieser Situation wäre, die eigenen Stärken im Unterschied zu den »bewunderten« Personen zu analysieren. Vielleicht sind Vater und Bruder sportlich leistungsfähiger, aber möglicherweise hat Justus dafür Stärken im künstlerischen Bereich. Auch sagt der Notendurchschnitt im Abschlusszeugnis noch nichts darüber aus, wie erfolgreich er später im Beruf sein wird.

Erfolg ist in der Regel ein Produkt aus guter Vorbereitung, gepaart mit einer Portion Glück. Jeder Mensch, der ambitioniert ist, wird sich auf Prüfungen in der Schule, im Beruf und im Leben allgemein vorbereiten. Wie viel Glück jemand in einer gegebenen Situation hat und wie erfolgreich er somit sein kann, hängt von vielen Zufallsfaktoren ab. Zu scheitern bedeutet nicht, dass man es alleine zu verantworten hat. Es passieren so viele Dinge in jeder Sekunde, dass die Vorstellung falsch ist, wir seien immer und zu jedem Zeitpunkt für das Geschehene verantwortlich. Statt die unterschiedlichsten Doping-Methoden für das Gehirn einzusetzen, wird es langfristig hilfreicher sein, eine gewisse Demut aufzubringen, sowohl gegenüber erzielten Ergebnissen als auch gegenüber unserer eigenen Leistungsfähigkeit.

Es gibt also eine Anleitung zum Glücklichsein jenseits des Gehirn-Dopings, wie wir im folgenden Kapitel sehen werden. Allerdings muss man die Wege zur Zufriedenheit lernen, und es hilft, dabei Vorbilder zu haben. Idealerweise lernt man dies von Kindesbeinen an, und im Fall von Justus hätte der Vater erkennen müssen, dass er anders ist als der jüngere Bruder und darunter leidet, beim Sport und in der Schule nicht so leistungsfähig zu sein. Er hätte ihn in seinen Fähigkeiten und Zielen bestärken müssen, statt zuzulassen, dass Justus dem Bruder und ihm so stark nacheifert. Besonders wichtig ist es, die eigene Persönlichkeit kennenzulernen und entspannt mit einer Welt umzugehen, die sich für uns Menschen manches Mal viel zu schnell dreht. Hirn-Doping, Neuro-Enhancement oder Mood-Enhancement sind jedenfalls keine adäquate Antwort auf die Probleme unserer Zeit und unsere eigenen Belastungen.

Auf einen Blick

- Es gibt über hundert Substanzen, von denen man weiß oder vermutet, dass sie Kognition und Gefühlslage verbessern (Neuro- beziehungsweise Mood-Enhancer).
- Für die Wirkstoffe Methylphenidat, Modafinil und Koffein ist nachgewiesen, dass sie, bei medizinischer Notwendigkeit angewendet, durchaus positiv auf die Kognition und Gefühlslage wirken können. Das gilt auch für Antidepressiva und insbesondere die vom Typ SSRI.
- Insgesamt muss man Gehirn-Doping bei Gesunden kritisch hinterfragen.

8 Das Glück kann man lernen

Man muss lange laufen, um das Glück zu finden, es liegt fünf Tagesmärsche von der nächsten Straße entfernt: Das Tsum-Tal in Nepal, zwischen den Achttausendern Manaslu und Shishapangma, gut 200 Kilometer nordwestlich von der Hauptstadt Kathmandu entfernt. Eine grüne Hochebene mit Gersten- und Hirsefeldern, grasenden Yaks, Gebetsfahnen, die im Wind flattern, Häusern aus Stein, Holz und Lehm, und das Ganze eingerahmt von schneebedeckten Bergen und Gletschern – so beschreibt der Reporter Titus Arnu die Gegend in seinem Buch *Tsum. Eine Himalaya-Expedition in das Tal des Glücks.* Das Tsum-Tal gilt seit Jahrhunderten als Tal des Glücks. Es liegt versteckt an der Grenze zu Tibet und ist kaum erschlossen, für Ausländer ist es erst seit 2008 zugänglich.

Tsum bedeutet »Strom des Glücklichseins«. Es ist freilich ein anderes Glück als jenes, das die meisten Menschen in westlichen Ländern suchen. Das subjektive, irdische Glück spielt hier keine Rolle. Im Buddhismus geht es vielmehr darum, Gutes zu tun und Leiden zu beenden. Am Ende soll der Mensch genug positives Karma gesammelt haben, um den Kreislauf der Wiedergeburten zu beenden. Das Tsum-Tal ist seit Jahrhunderten ein beliebter Rückzugsort für buddhistische Mönche und Nonnen. Im Jahr 1920 verpflichteten sich die Bewohner, gewaltlos zu leben, seitdem jagen und fischen sie keine Tiere, sie ernähren sich fast komplett vegetarisch. Sie brennen keine Wälder ab und sie ernten noch nicht einmal Honig. Der Grund für die Lebensweise war, dass die Nahrungsmittel knapp geworden waren, weil immer mehr Tiere geschlachtet wurden. Die Rinder aber dienen im zentralen Himalaya nicht nur der Fleischproduktion, ihren Dung brauchen die Menschen, um zu heizen und zu kochen. Aus dem Fell von Yaks werden Kleidung und Zelte hergestellt.

Sind die Menschen im Tsum-Tal glücklich? Nach offiziellen Angaben dürften sie es nicht sein, denn im World Happiness Report steht Nepal nur auf Platz 99. Den Bericht haben Sozial- und Wirtschaftswissenschaftler erstellt und er beruht auf Daten wie Durchschnittseinkommen, Lebenserwartung, Bildung und Zugang zu medizinischer Versorgung. Mit einem Jahreseinkommen von weniger als 700 Dollar pro Kopf gehört Nepal zu den ärmsten Ländern der Welt. Und im Tsum-Tal sind die Menschen noch ärmer, sie betreiben keinen Handel, der Bildungsstand ist niedrig und die Kindersterblichkeit hoch, schreibt Titus Arnu.

Trotzdem bezeichnen sich die meisten Menschen, die Arnu getroffen hat, als glücklich. Glück sei für ihn eine Kombination von körperlicher Auslastung und geistiger Ausgeglichenheit, sagt ein Bewohner. Man könnte es auch Askese nennen, eine Möglichkeit, Glück zu erlangen, die schon die alten Griechen propagiert haben. Für die meisten Menschen der westlichen Konsumgesellschaften ist Askese allerdings keine

Option, auch wenn wir intuitiv wissen, dass materieller Wohlstand nicht notwendigerweise ein erfülltes Leben garantiert.

Für die Bewohner des Tsum-Tals besteht das Glück in einem einfachen Leben, das durch die Normen ihrer Gruppe vorgegeben ist. Sie stellen diese Regeln nicht infrage, beziehungsweise wer es tut, wandert vermutlich ab und entzieht sich so dem einfachen, kargen Leben. Wohlbefinden hängt deshalb auch immer bis zu einem gewissen Grad davon ab, wie gut man mit den Regeln und Normen zurechtkommt, die die Gesellschaft vorgibt. Es gibt Länder, in denen bestimmte Dinge verboten sind, wie etwa homosexuelle Beziehungen in vielen muslimischen Staaten. Wer trotzdem als Mann schwul ist und heimlich einen Partner hat, wird sich schwerer tun, dauerhaft glücklich zu sein, als der offen in einer gleichgeschlechtlichen Partnerschaft lebende Mann in Kalifornien. Denn er muss Repressionen und Strafen fürchten – das macht ein zufriedenes Leben schwierig.

Daneben ist entscheidend, welche Ziele wir uns selbst setzen. Glück und Zufriedenheit hängen ganz wesentlich davon ab, wie groß der Abstand zwischen Wunsch und Wirklichkeit ist. Wer sich vorgenommen hat, mit 20 Jahren eine Partnerin fürs Leben gefunden zu haben, wird womöglich unglücklich sein, wenn die Traumfrau dann noch nicht aufgetaucht ist. Oder er wird seine Ansprüche der Wirklichkeit anpassen und sich sagen, gut, dann treffe ich sie eben mit 25.

Das heißt: Wir können daran arbeiten, unser Wohlbefinden zu steigern. Glück und Zufriedenheit sind erlernbar.

Wohlbefinden im Klassenzimmer

Ein paar Dutzend Schulen in Deutschland bieten das Fach Glück an. Die Jugendlichen sollen es lernen wie Mathe, Englisch oder Erdkunde. Ein privates Psychologie-Institut hat das Konzept entwickelt und es beruht auf den Prinzipien der Positiven Psychologie. In der Schule geht es viel um Defizite und Fehler: Wer schlechte Noten hat, bleibt sitzen, wer sich danebenbenimmt, fliegt von der Schule. Die Positive Psychologie dagegen setzt auf Anerkennung und Lob sowie auf die Stärkung des Selbstvertrauens, das vielen Jugendlichen abgeht. Mädchen finden sich oft zu dick oder zu hässlich, Jungen neigen dazu zu prahlen, um ihre Unsicherheit zu verbergen. Im Alter zwischen zehn und 20 sucht man nach seinem Platz im Leben. Im Glücksunterricht sollen die Jugendlichen vor allem erst einmal lernen, ihre Stärken wahrzunehmen, sich realistische Ziele zu setzen und zu verfolgen und sich mit ihren Mitschülern auseinanderzusetzen.

Sie reden darüber, womit sie ihre Zeit verbringen, ziehen Bilanz und machen Pläne für die Zukunft. Sie bekommen Tipps, wie man Schritt für Schritt Ziele erreicht, ohne sich dabei von Hindernissen umwerfen zu lassen. Sie üben Kommunikation in schwierigen Situationen, etwa wie man Klassenkameraden, die man nicht ausstehen kann, ein ehrlich gemeintes Kompliment macht. Kurzum, die Schüler sollen lernen, dass sie ihr Leben und ihre sozialen Kontakte selbst gestalten können und müssen. Man könnte das Fach auch Lebenshilfe oder Lebenskompetenz nennen.

Ob und was der Unterricht bewirkt, ist natürlich schwer festzustellen. Denn beim Wohlbefinden spielen neben dem Glückstraining eine Menge anderer Faktoren mit, und in diesem Alter kann sich auch die Persönlichkeit noch recht stark verändern. Der Professor für Pädagogische Psychologie an der Universität Bern, Alexander Bertrams, hat über hundert Schüler an zwei Berufsschulen, in denen das Fach angeboten wird, befragt. Die Hälfte hatte das regelmäßige Glückstraining belegt, die andere Hälfte nicht. Bertrams erstellte auch Persönlichkeitsprofile am Anfang und Ende des Schuljahrs und fragte die Jugendlichen regelmäßig nach ihren positiven und negativen Gefühlen, um mögliche Veränderungen zu berücksichtigen. Sein Fazit: Die Teilnahme wirkt sich positiv auf das Wohlbefinden der Schüler aus, allerdings profitieren vor allem jene, die von Beginn an emotional stabiler waren. Alexander Bertrams hält trotzdem den Glücks-Unterricht für alle Schüler für sinnvoll. Denn wie andere Studien ergeben haben, steigert das subjektive Wohlbefinden auch die Leistung von Schülern. Wer sich besser fühlt, schreibt auch bessere Noten in Mathe, Deutsch oder Englisch. Insofern kann das Glücksfach eine gute Ergänzung zum traditionellen Unterricht sein.

Glückstraining oder -unterricht ist aber nicht nur für Jugendliche sinnvoll, sondern ebenfalls für Erwachsene. Auch wenn das positive Lebensgefühl zu einem Teil von den Genen abhängt, ein erhebliches Maß der erlebten Zufriedenheit müssen wir uns selbst erarbeiten.

Glück hängt, wie in Kapitel 4 beschrieben, ganz wesentlich von einigen psychologischen Faktoren ab, die sich ihrerseits auch im Gehirn als Aktivitätsmuster von Nervenzellen bemerkbar machen: erstens der Resilienz, also der Eigenschaft, sich von belastenden Erlebnissen zu erholen; zweitens der Grundeinstellung, das heißt, ob wir positive Emotionen lange halten können oder negativ eingestellt sind und immer schon das Schlimmste befürchten; drittens brauchen wir zum Glücklichsein soziale Intuition, also die Fähigkeit, die sozialen Signale der Mitmenschen zu empfangen und ihre Emotionen zu interpretieren. Und ohne Selbstwahrnehmung, den vierten Faktor, können wir auch nur schwerlich Zufriedenheit erreichen, weil wir nicht wissen, was wir empfinden und warum wir so fühlen. Als fünfter und sechster Faktor kommen noch die Kontextsensibilität und die Aufmerksamkeit hinzu. Ersteres ist die Fähigkeit, sein Verhalten an die jeweilige Situation anzupassen, und die Aufmerksamkeit brauchen wir, um uns auf Aufgaben und Situation zu konzentrieren.

Diese sechs Faktoren kann man trainieren. So sind beispielsweise soziale Intuition und Selbstwahrnehmung auch wichtige Bestandteile des Schulfachs Glück. Die Jugendlichen lernen, über sich nachzudenken und zu erkennen, was ihnen guttut und was sie im Leben erreichen wollen. Und sie verbessern ihren sozialen Sinn, indem sie einen respektvollen Umgang mit ihren Mitschülern trainieren. Glückstraining gibt es auch für Erwachsene. Die meisten Kurse beruhen auf der Positiven Psychologie und dem PERMA-Konzept. Man übt dabei, seine eigenen Stärken zu erkennen und zu stärken sowie möglichst befriedigende Beziehungen zu anderen Menschen aufzubauen. Trainiert werden auch die Achtsamkeit, also der bewusste Umgang mit sich selbst und den Mitmenschen, sowie Techniken, um Stress abzubauen. Wichtig ist dabei, für sich herauszufinden, was einem guttut, und die kleinen und großen Glücksmomente bewusst zu erleben.

Mitgefühl durch Meditation

Im Tsum-Tal haben sich die Menschen wie erwähnt strenge Regeln auferlegt, nämlich keiner Kreatur Schaden zuzufügen. Respekt vor der Schöpfung und Mitgefühl für alle Lebewesen ist in der buddhistischen Religion generell stark verankert. Selbst gegenüber den kleinsten krabbelnden Insekten zeigen insbesondere Mönche Respekt: Sie können zwar nicht verhindern, dass sie ein paar Würmer und Spinnen zertreten, während sie laufen. Aber sie spucken auf ihre Schuhsohlen und sprechen ein Gebet, bevor sie das Haus verlassen.

Buddhistische Mönche sind deshalb Meister im Mitgefühl – und in anderen wichtigen Eigenschaften, die zu mehr Glück führen, wie wir später noch sehen werden. Daher sind die Mönche perfekte Versuchspersonen, um herauszufinden, wie man Mitgefühl trainiert und was dabei im Gehirn passiert. Der US-Psychologe Richard Davidson hat zahlreiche Experimente mit Mönchen aus Tibet gemacht und schildert sie in seinem spannenden Buch *Warum wir fühlen, wie wir fühlen.*

Es ist faszinierend zu lesen, wie Richard Davidson in den 1970er-Jahren die Meditation entdeckt und untersucht hat, wie sich die Geistesübungen im Gehirn auswirken. Er war überzeugt davon, dass das Trainieren von Gedanken Spuren hinterlässt. Nur war das schwer zu beweisen, denn es gab damals noch keine bildgebenden Verfahren, mit denen sich Veränderungen im Gehirn sichtbar machen ließen. Zunächst wurde er von seinen Kollegen belächelt. Viele Naturwissenschaftler hielten Meditation für Hokuspokus. Seine erste Untersuchung, eine Befragung von Menschen über ihr Meditationsverhalten und ihr Wohlbefinden, erschien im *Journal of Abnormal Psychology*, also der »Zeitschrift für abnormale Psychologie«. Doch Davidson ließ nicht locker. 1992 kontaktierte er den Dalai Lama, von dem er wusste, dass er ein Faible für Naturwissenschaften und Technik hat. Mit dessen Hilfe konnte der Psychologe meditationserfahrene buddhistische Mönche finden und untersuchen.

Im Buddhismus gibt es den Zustand des »bedingungslosen Mitgefühls«, in dem man uneingeschränkt bereit ist, sich für andere Lebewesen einzusetzen. Man kann sich in diesen Zustand durch eine spezielle Meditation versetzen. Die Buddhisten sind davon überzeugt, dass man damit die Empathie verstärkt und dadurch anderen bereitwilliger hilft und sogar den starken Wunsch verspürt zu helfen.

Diese Meditation ließ Davidson sowohl Mönche machen als auch – als Kontrollgruppe – Studenten seiner Universität. Diese hatten vorher einen Crashkurs in Mitgefühlstraining bekommen. Danach maßen die Forscher von allen Versuchspersonen die Gehirnströme, sie machten also ein EEG. In den EEG-Daten der Mönche fand sich eine auffallend starke Gamma-

Aktivität. Gammawellen sind Gehirnströme mit einer hohen Frequenz, sie deuten also darauf hin, dass viele Nervenzellen ihre elektrischen Signale synchronisieren, das heißt gewissermaßen im Gleichtakt Aktionspotenziale feuern. Gammawellen entstehen immer bei kognitiven Höchstleistungen – wenn wir bei vollem Bewusstsein sind oder besonders anspruchsvolle Aufgaben lösen, die mehrere Gehirnbereiche beanspruchen. Auch bei den Studenten der Kontrollgruppe war die Gamma-Aktivität höher als normal, aber bei Weitem nicht so ausgeprägt wie bei den meditationserfahrenen Mönchen.

Ein EEG registriert Gehirnströme an der Schädeldecke und ist damit nur ein grobes Maß für Gehirnaktivität. Um genauer zu wissen, welche Bereiche aktiv sind, wenn das Gehirn Mitgefühl empfindet, braucht man die Methode der funktionellen Kernspintomografie oder Magnetresonanztomografie (fMRT).

Diese funktionellen Kernspinuntersuchungen machen sichtbar, wo gerade im Gehirn besonders viel sauerstoffreiches Blut fließt, das heißt, wo die Nervenzellen besonders aktiv sind. Diese Messungen sind alles andere als einfach. Die Probanden liegen in einer Röhre, in der ein Höllenlärm herrscht. Denn die Technik benötigt starke Magnetfelder, die man mit Strom erzeugt. Magnetfelder und Stromspulen beeinflussen sich aber gegenseitig und dabei entsteht ein lautes Brummen. In der fMRT-Röhre herrschen also nicht gerade ideale Bedingungen, um zu meditieren. Außerdem ist das Ergebnis der Messung keine absolute Größe, sondern immer nur der Unterschied zwischen der aktuellen Aktivität des Gehirns und dem Ruhezustand. Den muss man also zuerst einmal messen und dabei aufpassen, dass die Person in der Röhre auch wirklich an nichts denkt und nichts tut, was mit ihrer eigentlichen späteren Aufgabe zusammenhängt. Wenn man dann am Ende nach etlichen Berechnungen im Computer die Gehirnbilder vor sich sieht, dann sind darauf Regionen hervorgehoben, wo Nervenzellen besonders viel Sauerstoff verbrauchen, die also elektrisch besonders aktiv sind.

Die Versuchspersonen in der Kernspinröhre bekamen emotionale Geräusche vorgespielt: angenehme wie das Glucksen eines Babys und unangenehme wie das panische Schreien einer Frau. Vor allem die Schreie aktivierten Gehirnregionen, insbesondere den sogenannten Inselkortex, eine Gehirnstruktur, die an der Verarbeitung von Gefühlen beteiligt ist. Auch der temporoparietale Übergang, ein Bereich zwischen dem Scheitellappen und dem seitlichen Lappen des Gehirns, war aktiv. Die Kernspinbilder zeigten denselben Effekt wie die EEG-Messungen: Insgesamt waren die Nervenzellen der Mönche sehr viel aktiver als die der Studenten.

Davidson hat weitere Versuche mit Mitgefühlmeditation gemacht und dabei herausgefunden, dass sich auch das persönliche Leidensgefühl verringert, wenn man dies praktiziert. Man nimmt seine eigenen Schmerzen und Niederlagen nicht mehr so wichtig wie vorher, und das schlägt sich in einer geringeren Aktivität der Amygdala nieder. Zur Erinnerung: Die Amygdala, auch Mandelkern genannt, ist vor allem daran beteiligt, negative Gefühle zu verarbeiten. Je weniger wir davon haben, umso weniger aktiv ist sie.

Wir können also durch Training unsere Amygdala gewissermaßen herunterfahren.

Außerdem stellt sich bei Menschen, die regelmäßig die Mitgefühlmeditation praktizieren, eine stärkere Vernetzung von drei Gehirnbereichen ein: erstens dem präfrontalen Kortex, der vor allem daran beteiligt ist, Handlungen zu planen, zweitens dem bereits erwähnten Inselkortex und drittens dem Nucleus accumbens. Wie gezeigt, stellt dieser Kern von Nervenzellen besonders viel Dopamin her und spielt eine wichtige Rolle, wenn wir eine Belohnung erwarten oder besonders motiviert sind. Man könnte auch sagen: Menschen, die darin geschult sind, Mitgefühl zu empfinden, sind auch motiviert, anderen zu helfen. Statt angesichts von Leid in Trauer zu versinken, handeln sie lieber, damit es anderen besser geht.

Jeder kann sein Mitgefühl trainieren, am besten indem man sich Menschen vorstellt, die in einer schwierigen Lage sind oder sogar leiden. Besonders gut funktioniert diese Methode, wenn wir an Personen denken, die wir persönlich kennen, etwa eine Tante, die an Krebs erkrankt ist, oder an einen Freund, dessen Ehe gescheitert ist und der unter der Trennung von seiner Frau und den Kindern leidet. Allein diese Visualisierung versetzt unser Gehirn in einen Zustand des Mitgefühls. Besonders wirksam ist es aber, sich diesen Zustand beim Einatmen bewusst zu machen. Man atmet gewissermaßen das Leid des anderen ein und lenkt mit jedem Ausatmen das Mitgefühl zu dem Betroffenen hin.

Achtsamkeit gegen Angst

Wir können also unser Mitgefühl üben und so unsere Zufriedenheit steigern. Denn soziale Kontakte sind eine sichere Bank, um Glück zu erreichen. Ebenfalls wichtig für unser Wohlbefinden ist die Selbstwahrnehmung – also die Fähigkeit, unsere Gefühle einzuschätzen – sowie die Konzentration auf die Ziele, die wir uns gesetzt haben. Es gibt eine Form der Psychotherapie, man könnte sie auch Meditation nennen, die beide Fähigkeiten trainiert: die sogenannte achtsamkeitsbasierte Stressreduktion.

Achtsamkeit ist ein Begriff aus dem Buddhismus, den westliche Psychotherapeuten aufgegriffen haben. Er bezeichnet eine spezielle Form der Aufmerksamkeit, die dabei hilft, Emotionen besser zu erkennen und Leiden zu verringern. Verschiedene Methoden der Psychotherapie, die die Achtsamkeit trainieren, werden vor allem bei Patienten angewendet, die unter Zwangsstörungen oder Depressionen leiden.

Der Trick besteht darin, die eigenen Gedankengänge und Gefühle aus der Perspektive Dritter zu beobachten, ohne sie zu werten. Manche Menschen können beispielsweise nicht aus dem Haus gehen, ohne daran zu denken, ob sie die Herdplatte ausgemacht haben. Sie laufen in die Küche und überprüfen, ob die Schalter auf null stehen. In dem Moment, in dem sie durch die Wohnungstür gehen, kommen ihnen erneut Zweifel, ob der Herd wirklich aus ist. Bei der achtsamkeitsbasierten Stressreduktion lernen sie, sich zu beobachten. Interessant, sagen sie sich, wer ist die Person, die wieder in die Küche geht? Und warum macht sie sich am Herd zu schaffen, obwohl die Schalter doch schon alle auf null stehen? Am Anfang der Therapie stehen außerdem Atem- und Körperübungen, ähnlich wie beim Yoga, auf dem Programm. Ziel ist es, das Gehirn zu zwingen, seine eingefahrenen Bahnen zu verlassen und die obsessiven Gedanken gewissermaßen umzulenken, damit sie nicht mehr alles dominieren.

Die Therapie führt bei Patienten mit Angststörungen dazu, dass die Aktivität in ihrem linken präfrontalen Kortex im Vergleich zum rechten zunimmt. Dieses Ungleichgewicht ist ein gutes Zeichen: Je aktiver der linke präfrontale Kortex ist, umso stärker überwiegen die positiven Emotionen und umso größer ist die Resilienz, also die Belastbarkeit. Das erklärt auch, warum man nach der Therapie besser mit Stress umgehen kann.

Es ist schwierig festzustellen, welche Verbindungen im Gehirn sich durch die Therapie verändern, weil die derzeitigen Messmethoden zu ungenau sind, um Nervenbahnen zuverlässig zu verfolgen. Aber es ist plausibel, dass sich bestehende Verschaltungen abschwächen, weil sie weniger genutzt werden, und andere verstärkt werden, da sie häufiger beansprucht werden. Ein Angstgefühl oder eine Obsession, etwa dass die Herdplatte nicht ausgeschaltet ist, kommt durch einen Schaltkreis im Gehirn zustande; zwischen präfrontalem Kortex und Amygdala haben sich Nervenbahnen verfestigt, die bei einem Reiz aktiviert werden. Jedes Mal wenn wir das Haus verlassen, denkt unser präfrontaler Kortex daran, was wir alles erledigen müssen: Fenster schließen, Herd ausstellen, Schlüssel mitnehmen. Das ist normal. Im Fall der Obsession aber aktiviert der präfrontale Kortex automatisch die Amygdala und erzeugt so ein Angstgefühl, das uns nicht loslässt. Es ist, als ob immer wieder derselbe Film abgespult würde.

Oder nehmen wir zum Beispiel ein belastendes Erlebnis wie die schlechte Laune unseres Partners, der seit Tagen genervt aus dem Büro kommt, weil seine Firma kurz vor der Insolvenz steht. Jeden Abend wiederholt sich die Szene. Er meckert über das Abendessen, schreit die Kinder an, weil sie ihre Hausaufgaben nicht gemacht haben, und verlässt türenknallend die Wohnung. Der Vorfall wird von unserem präfrontalen Kortex gedeutet und analysiert und anschließend von der Amygdala emotional bewertet. Und diese Bewertung ist verheerend. Wir schreien zurück und denken über Trennung nach. Achtsamkeitstraining kann bewirken, dass wir mit dem Stress eines solchen Erlebnisses anders umgehen. Die Signale des präfrontalen Kortex kommen dann nicht mehr oder gedämpft in der Amygdala an, sodass uns der Streit mit dem Partner weniger zusetzt, weil wir ihn anders bewerten. Wir denken vielmehr an die Zukunft und hoffen, dass er einen neuen Job finden wird. Der Psychologe Richard Davidson beschreibt es so: Die neuronalen Bahnen, die sich zuvor verfestigt hatten, sind kaum mehr aktiv, das mentale Training hat neue Verbindungen geschaffen – ähnlich wie ein Bach, der sich nach einem starken Regenguss ein neues Bachbett sucht.

Mit Sicherheit werden wir nicht von einem Tag auf den anderen glücklicher, wenn wir unsere Achtsamkeit trainieren. Aber die Chance ist groß, dass wir dadurch besser mit Stress umgehen können. Und weniger Stress beziehungsweise ein gelassener Umgang mit dem unvermeidlichen Stress bedeutet, dass unser Zufriedenheitspotenzial steigt. Solche Trainings werden in vielen spezialisierten Zentren angeboten, bis hin zur Volkshochschule. Man muss nur » Achtsamkeit« googeln. Zudem gehört das Üben von Achtsamkeit auch zu den Behandlungsmethoden in den klassischen psychiatrischen Kliniken und Praxen.

Warum Atmen hilft

Bei vielen Meditationsübungen geht es auch darum, kontrolliert zu atmen. Yoga-Experten kennen den Begriff Pranayama. Er bedeutet so viel wie die bewusste Steuerung und Vertiefung der Atmung. Man schafft es durch Achtsamkeit und viel Üben, seinen Atem zu kontrollieren und dadurch auch das Bewusstsein zu verändern. Versuchen Sie einmal, langsam und regelmäßig zu atmen. Ziemlich schnell stellt sich ein Zustand von Ruhe ein. Und jetzt atmen Sie schnell und hektisch. Dann steigt die Anspannung. Wenn wir uns aufregen, zum Beispiel weil wir einen wichtigen Termin haben, der Autofahrer vor uns es aber überhaupt nicht eilig hat, sollten wir daher erst einmal ruhig atmen, um den Stress abzubauen.

Warum das funktioniert, haben kalifornische Forscher kürzlich herausgefunden. Es gibt eine kleine Gruppe von Nervenzellen im Hirnstamm, die das Atmen steuert. Von dieser Atmungszentrale gehen

Nervenbahnen einerseits zu den Atemmuskeln, andererseits zu dem bereits erwähnten Gehirnzentrum namens Locus caeruleus, das die Aufmerksamkeit steuert und mit zahlreichen Regionen der Gehirnrinde in Kontakt steht. Die Neuronen in der Atemzentrale haben unterschiedliche Aufgaben: Einige braucht man, um zu seufzen, andere, um zu gähnen. Und weitere arbeiten als Wächter. Sie beobachten gewissermaßen die anderen Nervenzellen und senden einen Bericht an das Aufmerksamkeitszentrum. Wenn die Atmung langsamer wird, heißt es dann: Ruhemodus einschalten. Wenn sie wieder schneller wird, bekommt das Gehirn das Zeichen, sich auf Stress einzustellen. Sogenannte Knock-out-Mäuse, denen man mit gentechnischen Methoden die Gene für diese besonderen Wächterzellen entfernt hat, konnten zwar noch atmen, aber sie schnüffelten weitaus weniger. Bei Nagern ist Schnüffeln ein untrügliches Zeichen dafür, dass sie aufgeregt sind, weil sie zum Beispiel eine neue Umgebung erkunden müssen oder ein fremdes Tier in ihrer Nähe ist. Die Mäuse ohne Wächterzellen waren stattdessen dauerhaft in einem ruhigen Zustand. Es war, als ob sie ständig chillten und sich nicht aufregen ließen. Die Forscher hoffen, dass das Wissen über die Wächterzellen in der Atemzentrale helfen kann, Menschen zu behandeln, die an Stress oder negativen Emotionen leiden. Zumindest aber können Sie bei der nächsten meditativen Atemübung daran denken, dass jetzt ein paar Dutzend Zellen tief verborgen in Ihrem Hirnstamm das Signal geben: Jetzt aber mal Ruhe.

Der gute Stress

Meditation kann also dabei helfen, dass wir leichter einen Zustand von Glück und Zufriedenheit erreichen. Und es gibt einen weiteren Bewusstseinszustand, in dem wir uns wohlfühlen: im sogenannten Flow. Das bedeutet »Fließen«, man könnte auch sagen »Fluss von Gedanken«, und der Name stammt von dem amerikanisch-ungarischen Psychologen Mihaly Csikszentmihalyi. Gemeint hat er damit einen Zustand, bei dem wir so vertieft in eine Aufgabe sind, dass wir die Welt um uns herum vergessen. Jeder kennt diese Flow-Zustände, entweder beim Laufen oder wenn wir musizieren oder eine besonders schwierige Aufgabe im Büro erledigen müssen. Dieses Erleben, bei dem wir ganz versunken sind und die Welt weit weg ist, fühlt sich nicht nur gut an. Es gibt viele Belege dafür, dass regelmäßiger Flow insgesamt das Wohlbefinden und die Lebenszufriedenheit steigert.

Der Flow trägt dazu bei, dass wir besser lernen oder trainieren, weil wir hoch konzentriert sind: Das Gehirn blendet alles aus, was für die aktuelle Aufgabe unwichtig ist – möglicherweise, weil es sich in einem leichten Stresszustand befindet. Beim Flow ist die Konzentration von Kortisol im Blut leicht erhöht, hat die Psychologie-Professorin Corinna Peifer von der Universität Bochum herausgefunden. Kortisol ist ein Hormon, das die Nebennieren auf Befehl des Hypothalamus im Gehirn vor allem bei Stress in die Blutbahn ausschütten. Dadurch wird der Stoffwechsel angeregt und der Körper bekommt zusätzliche Energie in Form von Glukose. Außerdem wirkt Kortisol im Gehirn, indem es die Aufmerksamkeit steigert. Flow ist also ein Zustand leichten Stresses. Wenn wir zu viele Stresshormone im Körper haben, dann verhindern sie, dass unser Gehirn und Körper den Flow-Zustand erreichen, hat Peifer zusammen mit Kollegen gezeigt. In einem Experiment spritzten sie Versuchspersonen eine größere Menge an Hydrocortison, ein Medikament, das gegen Entzündungen und Allergien wirkt, indem es die Kortisolwerte im Blut erhöht. Gleichzeitig bekam eine andere Gruppe von Studienteilnehmern ein Placebo, also ein unwirksames Mittel. Die Probanden, die tatsächlich mehr Kortisol im Blut hatten, erreichten seltener einen Flow-Zustand als die anderen mit weniger Stresshormonen im Körper.

Man kann also den Flow als eine milde, gute Form von Stress bezeichnen. Wir sind dabei körperlich oder geistig sehr beansprucht. Gleichzeitig behalten wir aber die Kontrolle über unser Tun. Deshalb fühlen sich Flow-Momente gut an. Am einfachsten erreicht man den Flow-Zustand, indem man häufig längere Strecken läuft. Der Körper ist in Bewegung, wir atmen regelmäßig, der Kopf ist ausgeschaltet. Voraussetzung ist allerdings, dass wir uns dafür nicht überanstrengen müssen. Wer noch nie gelaufen ist und gleich eine Zehn-Kilometer-Runde dreht, wird sicher keinen Flow erleben.

Die Aufgabe – Laufen, Musizieren oder eine Präsentation vorbereiten – darf daher nicht zu leicht sein, sonst fühlen wir uns unterfordert. Sie darf uns aber auch nicht übermäßig beanspruchen. Flow stellt sich ein, wenn wir die Fähigkeit haben, eine schwierige Aufgabe zu lösen, uns dafür aber etwas anstrengen müssen. Es kommt auf die richtige Balance zwischen Können und Tun an. Das Geheimnis des Flow besteht also darin, Anforderungen anzunehmen, die unseren Fähigkeiten entsprechen und ein kleines bisschen mehr verlangen, als wir glauben zu können. Wichtig ist auch, das hat schon Mihaly Csikszentmihalyi vor mehr als 40 Jahren empfohlen, sich klare Ziele zu setzen und immer wieder zu kontrollieren, was wir erreicht haben, uns also ein Feedback zu geben. Es hilft auch, sich zu sagen: »Es ist wichtig, was ich tue«, sich also die Bedeutung der Aufgaben klarzumachen. Auch Pausen und Entspannungsübungen tragen dazu bei, den Flow zu erreichen.

Tricks gegen den Trott

Flow, Achtsamkeit, Mitgefühl – diese Begriffe haben allesamt einen positiven Klang. Früher haben sich die Psychologen stark auf die pathologischen Seiten des Menschen konzentriert, auf die Frage, was uns krank macht. Es ging vor allem um Depression, Angststörungen – um Traumata und Defizite jeglicher Art und wie man sie behandelt. Die Positive Psychologie, die sich vor etwa 15 Jahren durchgesetzt hat, fragt dagegen, was der Mensch braucht, um seelisch gesund, zufrieden oder sogar glücklich zu sein. Sie sucht nach den Geheimnissen der Resilienz, der Widerstandskraft gegen Schicksalsschläge, des Optimismus.

Neu ist das nicht. Diese Fragen haben sich schon die alten Griechen gestellt. Aber es gibt auch in der Wissenschaft Moden, und die Suche nach den Faktoren, die positive Emotionen verursachen, war eine Zeit lang aus der Mode gekommen. So hatten bereits der US-Psychologe Abraham Maslow und auch der deutschstämmige Psychoanalytiker Erich Fromm, Autor des Buches *Vom Haben zum Sein*, vor 60 Jahren Theorien der positiven Emotionen entwickelt, und auch der Erfinder des Flow, Csikszentmihalyi, beschäftigte sich mit der Frage, was uns zufrieden macht. Doch erst der amerikanische Psychologe Martin Seligman machte wie bereits erwähnt um die Jahrtausendwende als Präsident der einflussreichen Amerikanischen Psychologischen Gesellschaft die Positive Psychologie richtig populär.

Die Bewegung, die er anstieß, gab auch der psychologischen Glücksforschung einen Schub. Bis dahin hatten sich vor allem Wirtschaftswissenschaftler gefragt, was Gesellschaften glücklich macht. Die Wiederentdeckung der Positiven Psychologie und die bildgebenden Verfahren haben viele Antworten auf die Frage, was im Gehirn passiert, wenn wir glücklich sind, geliefert. Die Fachzeitschrift *Journal of Happiness Studies*, die es seit dem Jahr 2000 gibt, veröffentlicht jährlich mehrere Hundert Artikel dazu.

Sonja Lyubomirsky, die Glücks-Psychologin von der University of California in Riverside, ist nach ihren zahlreichen Studien überzeugt, dass unter allen Einflüssen, die unsere Zufriedenheit steigern, die sozialen Beziehungen besonders wichtig sind. Ihre glücklichen Studienteilnehmer waren stets jene, die von sich sagten, dass sie ihrer Familie und ihren Freunden viel Zeit widmeten. Sie sind oft die Ersten, die anderen ihre Hilfe anbieten. Sie sehen optimistisch in die Zukunft und malen sich diese rosig aus. Sie leben in der Gegenwart und genießen die angenehmen Seiten des Lebens. Sie treiben regelmäßig Sport und sie setzen sich erreichbare Ziele.

All das kann man trainieren. Sonja Lyubomirsky hat für Versuchspersonen ein Übungsprogramm entwickelt. Dabei sollten die Probanden Erfahrungen aufschreiben, über die sie sich gefreut hatten. Sie sollten sich an einem Tag pro Woche fünfmal hilfsbereit gegenüber Freunden und Fremden verhalten. Außerdem sollten sie sich einmal wöchentlich einen »Glückstag« vorstellen und aufschreiben, wie dieser aussieht. Nach dem Training gaben diejenigen Teilnehmer an, die sich auch tatsächlich an die Regeln gehalten hatten, glücklicher zu sein als vorher.

Wer das Glück gefunden hat, muss allerdings daran festhalten, man könnte auch sagen: daran arbeiten. Wer zufrieden bleiben will, muss gegen den Gewöhnungseffekt und gegen die Abflachung der Glücksgefühle arbeiten. Lyubomirsky und ihre Kollegen haben dafür ein paar Ratschläge parat: Vor allem muss man gegen die Routine kämpfen, ob im Job oder in der Partnerschaft. Man sollte dankbar sein für das, was man erreicht hat, und Veränderungen wertschätzen. Das ist nicht einfach, aber man kann es trainieren.

Ein solches Training umfasst zum Beispiel die Frage, was in einer Partnerschaft oder im Job für gute Gefühle sorgt. Beim Partner und auch bei den Mitarbeitern ist es sicher ein Lob, eine kleine Aufmerksamkeit. Oft sind wir in einer Kritikschleife gefangen, wir neigen dazu, beim Partner die negativen Seiten zu sehen, statt ihn zu unterstützen und zu ermutigen. Kurzum: Wir sollten die Menschen, die uns umgeben, wertschätzen und dankbar dafür sein, es bisher im Leben doch ganz gut getroffen zu haben. Abwechslung hilft ebenfalls, zum Beispiel mal in ein neues Restaurant zum Essen gehen oder ein unbekanntes Museum besuchen.

Auch Kommunikation tut einer Partnerschaft gut. Natürlich nicht, wenn man sich nur anschreit. Aber gute Nachrichten sollte man unbedingt mit dem Partner teilen. Also sich gegenseitig erzählen, wenn der Chef einen gelobt hat oder eine Gehaltserhöhung ansteht. Wenn sich ein Partner dann für den anderen freut, erhöht das bei beiden das Wohlbefinden.

Das klingt alles banal? Ja, und doch ist es gar nicht so leicht umzusetzen, denn wir Menschen neigen dazu, uns eher am Schlechten zu reiben, als das Gute zu bemerken. Die Positive Psychologie birgt außerdem eine Falle, in die man leicht hineintappen kann. Wer es sich im Leben gemütlich macht und alles toll findet, hat keineswegs die beste Voraussetzung, dauerhaft Zufriedenheit zu erlangen. Herausforderungen gehören zu einem glücklichen Leben dazu. Inzwischen hat sich sogar schon eine Gegenbewegung zur Positiven Psychologie gebildet. Der Psychologie-Professor Todd Kashdan von der George Mason University in Virginia ist einer ihrer Wortführer. Er sagt von sich, dass er früher ein Fan der Positiven Psychologie gewesen sei, dann aber ins Zweifeln gekommen sei, ob das Glücklichsein im Leben wirklich so vorteilhaft ist.

Manche Studien zeigen tatsächlich, dass Menschen,

die glücklich sind, sich naiver verhalten als andere – und damit anfälliger für Vorurteile werden und außerdem mehr Fehler machen. Tatsächlich neigen Optimisten dazu, Ziele nicht so ernst zu nehmen. Man hat sich vorgenommen, eine Woche lang auf Alkohol zu verzichten? Stimmt, aber dieses eine Glas Wein heute Abend geht noch – dann fange ich eben morgen mit dem Fasten an.

Wut, Scham, Schuld, Trauer und Angst: Diese negativen Gefühle sind keine Fehler in unserem Denken, sondern hilfreiche und sinnvolle Emotionen, die wir produktiv nutzen können, schreibt Kashdan in seinem Buch *The Power of Negative Emotion* (»Die Kraft der negativen Emotion«). Auch andere Psychologen wettern gegen die »Diktatur des Glücks«, wie der niederländische Psychologe und Autor Jeffrey Wijnberg die Suche nach dem Wohlbefinden nennt. Über Zufriedenheit und Glück sprechen viele lieber als über Wut, Aggression, Missgunst und Trauer. Wijnberg findet das gefährlich, denn so würden sich Menschen, die nicht ständig glücklich seien, Vorwürfe machen.

Wut und Ärger können, so die Kritiker der Positiven Psychologie, wichtige Kräfte freisetzen. Menschen, die wütend werden, wirken manchmal besonders engagiert und motiviert, solange aus dem Ärger nicht Feindseligkeit und Aggression wird. Auch Neid, ein verpöntes Gefühl, kann Menschen zu besseren Leistungen anspornen. Wer neidisch ist, möchte etwas erreichen, das andere haben oder können – und strengt sich dafür an. Neid ist eine wichtige Antriebskraft. Und manchmal sogar eine Quelle für Kreativität. Auch das Zweifeln und Nörgeln führe oft eher zum

Erfolg als das Wohlbefinden, das uns zu Nesthockern macht, die den Tag in der gedanklichen Hängematte verbringen. Wenn wir einen Job haben und nur verkrampft das Gute darin sehen, nicht aber die Langeweile, die wir tagtäglich im Büro empfinden, dann überlegen wir nicht, welche Arbeit uns mehr Spaß machen würde, und suchen nicht danach.

Eine Prise Pessimismus oder zumindest eine kritische Einstellung kann also eine durchaus erfolgreiche Strategie sein, um unsere Fehler zu finden und sie zu vermeiden oder um Schwächen zu beheben. Wenn wir gut gelaunt sind, beschäftigen wir uns weniger mit Details und neigen zu schnellen Schlüssen. Beispiel Einkaufen: Wer in guter Stimmung ist, wird eher Geld ausgeben und sich nicht darum sorgen, ob das Konto überzogen ist. Negative Gefühle wie Angst und Unsicherheit erhöhen hingegen die Aufmerksamkeit und machen uns wachsamer. Brauchen wir wirklich schon wieder eine neue Jacke? Ist dieser Staubsauger wirklich so gut, wie der Verkäufer ihn anpreist? Gibt es nicht vielleicht doch ein besseres Modell?

Zu viel Optimismus ist schädlich, betont auch Richard Davidson. Wer eine übertrieben positive Grundeinstellung hat, neigt dazu, sich nicht unter Kontrolle zu haben. Er wird sich gerne noch ein drittes Stück Kuchen gönnen, mit dem Argument, dass man es ja morgen im Fitnessstudio wieder abtrainieren kann. Oder sich ein Paar neue Schuhe kaufen, obwohl es Monatsende ist und das Konto bereits überzogen ist und man sich eigentlich vorgenommen hatte, für ein neues Auto zu sparen. Menschen mit zu vielen positiven Emotionen sind eher blind für die Folgen ihres

Tuns. Sie neigen auch zu Alkoholkonsum und Drogenmissbrauch, weil ihr Gehirn keinen Belohnungsaufschub duldet.

Eine extrem positive Grundeinstellung geht im Gehirn mit einer starken Aktivität des ventralen Striatums einher, insbesondere im Nucleus accumbens, sowie im präfrontalen Kortex, der unsere Handlungen plant und dafür sorgt, dass die Aktivität im Nucleus accumbens hoch bleibt, wir also eine Belohnung erwarten. Anders gesagt: Je stärker die Vernetzung von präfrontalem Kortex und Striatum ist, umso positiver ist unsere Grundeinstellung und umso mehr giert unser Gehirn nach einer Belohnung. Je geringer die Verbindung ist, umso negativer ist unsere Grundeinstellung.

Wer seine extrem positive Grundeinstellung etwas herunterschrauben will, der kann daran arbeiten, seinen präfrontalen Kortex zu trainieren. Vielleicht haben Sie sich zum Beispiel angewöhnt, sich jeden Feierabend ein Bier zu gönnen. Sie wissen, dass es schlecht für Ihre Gesundheit ist und es Sie außerdem ziemlich schnell müde macht, sodass Sie schon um 21 Uhr vor dem Fernseher einschlafen.

In diesem Fall besteht das Training darin, sich vorzustellen, dass Sie in ein paar Monaten einen gehörigen Bierbauch haben werden und dass das Risiko, einen Herzinfarkt zu erleiden, ansteigt. Das Bild in Ihrem Kopf kann ziemlich abschreckend wirken und beansprucht den präfrontalen Kortex, weil Ihr Gehirn sich die Zukunft ausmalt. Am Anfang kann es sinnvoll sein, sich das Bier weiterhin zu gönnen, aber zwei Stunden später, am besten nach dem Essen. In einem zweiten Schritt könnten Sie sich vornehmen, nur noch jeden zweiten Abend ein Bier zu trinken und ansonsten einen Tee. Falls man süchtig nach neuen Schuhen oder fest davon überzeugt ist, ein neues Auto zu brauchen, obwohl das alte noch einwandfrei fährt, hilft es, sich den Kontostand mit einem dicken Minus vorzustellen.

Die Konzentration auf längerfristige Ziele, wie im Fall des Alkoholkonsums auf die Gesundheit oder beim Shopping auf das Sparen für eine eigene Wohnung oder ein Auto, trainiert die Planungsfunktion des präfrontalen Kortex. Unter dem Strich führt sie auch dazu, dass positive Emotionen länger dauern, weil eine Belohnung – ein Eigenheim oder ein neues Auto – winkt, auf die man sich freuen kann.

Führt uns also die Konzentration auf Glück und Wohlbefinden geradewegs in die Lethargie und Tatenlosigkeit? Es könnte auf manche Menschen zutreffen. Allerdings hat uns die Natur meist schon mit einer ausreichenden Portion negativer Gefühle ausgestattet. Die Angst etwa steckt uns in den Genen, da es in der Steinzeit sehr wichtig war, Gefahren wie wilde Tiere zu erkennen und rechtzeitig zu fliehen. Auch der Neid ist eine menschliche Eigenschaft, wir vergleichen uns ständig mit anderen. Daher ist es für die meisten Menschen durchaus gut, den positiven Gefühlen Raum zu geben, den Ärger loszulassen, die Wut herunterzufahren, Beziehungen zu pflegen, Gewohnheiten zu verändern und mit einer Portion Optimismus durch das Leben zu gehen.

Übrigens weisen Altersforscher von der University of Southern California in Los Angeles darauf hin, dass *life skills*, also bestimmte Lebenskompetenzen wie emotionale Stabilität, Optimismus und Achtsamkeit, nicht nur zum Erfolg bei der Jobsuche und der Partnerschaft in jungen Jahren beitragen, sondern auch im späteren Leben wichtig sind. Sie untersuchten mehr als 8000 Männer und Frauen über 50 Jahre, die Teil einer Langzeitstudie sind. Diejenigen, bei denen die genannten Eigenschaften ausgeprägt waren, hatten einerseits mehr Geld und mehr soziale Kontakte und andererseits waren sie gesünder und litten seltener unter Depressionen als die anderen. Das hat übrigens nichts mit Intelligenz oder Bildung zu tun. Diese Faktoren spielen natürlich auch eine Rolle dabei, dass es einem im Alter besser geht, aber bei der kalifornischen Studie wurden sie nicht berücksichtigt.

Aus Fehlern lernen

Wir haben zwei Schrauben, an denen wir drehen können, um unser Glück zu finden: an unseren Zielen und an der Wirklichkeit. Natürlich können wir die Welt nicht verändern, aber wir können unsere Umgebung so wählen, dass sie unseren Wünschen entspricht. Menschen, die an Autismus leiden, reagieren oft sensibel auf sensorische Reize wie grelles Licht oder Lärm – sie werden daher gut daran tun, nicht in eine Disco zu gehen oder in ein lautes Rockkonzert. So ersparen sie sich Stress. Wenn ich weiß, dass mir in großer Höhe leicht schwindlig wird, unternehme ich keine Bergwanderung auf einem Grat. Oder wenn es mir schwerfällt, einen Rhythmus zu halten, muss ich keine Musikerkarriere anstreben. Stress entsteht aber auch, wenn wir mit Fehlern nicht richtig umgehen. Wir machen ständig Fehler, weil wir uns überschätzen, weil wir anderen zu sehr vertrauen oder zu wenig vertrauen, weil wir Aufgaben nicht sorgfältig erledigen, weil wir zu viel riskieren. Statt aus Fehlern zu lernen, trauern wir oft verpassten Gelegenheiten nach oder ärgern uns. Reue ist wichtig, wenn wir anderen wehgetan oder geschadet haben. Doch wenn wir uns selbst geschadet haben, ist intensives Bereuen einer der schlimmsten Fehler, die wir machen können. In der Operette *Die Fledermaus* von Johann Strauss singt der Gesangslehrer Alfred » Glücklich ist, wer vergisst, was doch nicht zu ändern ist.« Der Spruch gilt als eine der Lebensweisheiten der Österreicher und war bereits im 15. Jahrhundert in der lateinischen Fassung » Rerum irrecuperabilium felix oblivio« das Motto des Kaisers Friedrich III.

Frei übersetzt könnte man auch sagen: Manchmal muss man vergessen, um glücklich zu sein.

Auf einen Blick
- Unser Maß an Glück und Zufriedenheit ist zwar in unserer Persönlichkeit angelegt, aber man kann üben, schneller und häufiger glücklich zu werden.
- Soziale Intuition und Mitgefühl lassen sich durch spezielle Formen der Meditation trainieren.
- Achtsamkeit ist ein wichtiges Persönlichkeitsmerkmal, das zum Glück beiträgt. Ein Achtsamkeitstrai-

ning bewirkt, dass wir mit Stress besser umgehen – das erhöht die Zufriedenheit.

- Glück und Zufriedenheit nutzen sich schnell ab. Wer glücklich und zufrieden bleiben will, muss gegen den Gewöhnungseffekt arbeiten. Abwechslung hilft, aber auch Dankbarkeit für das Erreichte.

Epilog

Der Garten des Glücks ist heute überbaut, man sieht ihn vor lauter modernen Wohnblocks nicht mehr. Aber um 300 v. Chr. konnte man in diesem Garten am Stadtrand von Athen, nordwestlich der Akropolis, lernen, was das Glück ausmacht. Der Philosoph Epikur versammelte dort Männer und Frauen, deren Leidenschaft für das Glücklichsein entbrannt war. Doch der Garten geriet schnell in Verruf, es soll erotische Ausschweifungen gegeben haben und seine Zeitgenossen brandmarkten Epikur als Lüstling und Priester zügelloser Befriedigung. Bis heute gilt der Philosoph als Vertreter eines lustbetonten Lebenswandels.

Doch das ist höchstwahrscheinlich ein großes Missverständnis, möglicherweise auch dadurch entstanden, dass die Epikureer zurückgezogen lebten und Außenstehende nicht so recht wussten, was da eigentlich im Garten passierte. Die Behauptungen über Schwelgereien und sonstige Exzesse der Epikureer stammen jedenfalls nicht aus glaubwürdigen Quellen. Sie stehen auch im Widerspruch zur Lehre Epikurs, der ein freundlicher und genügsamer Mensch war und nicht nach Lust strebte, sondern nach Lebensfreude – und zwar eher durch Askese als durch sinnlichen Überfluss. Jedenfalls stand am Eingang des Gartens sinngemäß folgende Inschrift:»Tritt ein, Fremder! Ein freundlicher Gastgeber wartet dir auf mit Brot und mit Wasser im Überfluss, denn hier werden deine Begierden nicht gereizt, sondern gestillt.« Freude und Lust am Leben entstehen laut Epikur nur, indem man Furcht, vor allem die vor dem Tod, Schmerzen und Begierden überwindet. Und dazu erlaubte der Philosoph nur die bedingungslose Erfüllung von Grundbedürfnissen wie Essen, Trinken und den Schutz vor Kälte. Schon sexuelle Lust sah Epikur im Zweifel als verzichtbar an. Sinnliche Begierden sollten sich auf die leicht erreichbaren Freuden richten: Schicke mir ein Stück Käse, damit ich einmal gut essen kann, soll Epikur einen seiner Schüler angewiesen haben. Zu Unrecht ist Epikur also verdächtigt worden, der Lust zu frönen. Vermutlich war er eher ein Asket als ein Hedonist.

Die Suche nach Glück, Zufriedenheit und Lebensfreude gilt manchmal als etwas anrüchig, als ob man nur nach Lustmaximierung streben würde. Dabei ist Glück notwendig, um zu überleben. Glück ist gewissermaßen die Methode des Gehirns, zu signalisieren, dass man gerade das Richtige getan hat. Man hat gegessen, um zu überleben, man hat Sex gehabt, um sich fortzupflanzen – das sind evolutionär tief verwurzelte Verhaltensweisen, die praktisch alle Menschen zufriedenstellen.

Mit dem Glücksgefühl signalisiert das Gehirn: Was du gerade tust und denkst, so wie du dich verhältst, das ist gut für dich. Das Belohnungsnetz springt an – das Signal dafür, dass wir bekommen haben, was wir wollten. Wie dieser Schaltkreis, der Teile des präfrontalen Kortex, die Inselregion, das vordere Cingulum, den Nucleus accumbens, das zentrale Pallidum, den Hippocampus und die Amygdala miteinander verbindet, funktioniert, ist weitgehend bekannt. Wir kennen die einzelnen Bereiche, und wir haben ein grobes Bild von den Nervenbahnen, die sie verbinden. Doch das ungefähre Verschaltungsmuster kann eben auch nur ungefähr erklären, warum bei manchen Menschen das Belohnungsnetz schnell reagiert und bei anderen langsamer. Diese Unterschiede liegen an der einzigartigen Individualität des Gehirns. Eine Einzigartigkeit, die sich aus unserem Erbgut ergibt, aus der Art und Weise, wie wir auf unsere Umgebung reagieren, und damit auch aus dem ganzen Schatz an Erfahrungen, die wir im Laufe unseres Lebens machen. Unser Gehirn ist wie ein komplizierter Atlas mit vielen Landkarten. Auf diesen Karten sind Orte eingezeichnet, deren Einwohnerzahl sich permanent verändert, und Straßen, die neu gebaut oder auch wieder gesperrt werden.

Diese Landkarten bestehen aus Zeichen und Symbolen, die wir nur teilweise verstehen. Denn so viel wir inzwischen über das Gehirn wissen, es liegt trotzdem nicht wie ein offener Atlas vor uns, aus dem wir lesen und verstehen würden, was uns glücklich macht. Vielleicht wird es eines Tages möglich sein, den individuellen Schaltplan zu erstellen, so wie eine Erbgutanalyse. Möglicherweise wird man dann sagen können: Im Belohnungssystem von dieser Person verlaufen zwischen präfrontalem Kortex und Amygdala nur wenige Nervenbahnen, es könnte sein, dass sie eher unzufrieden mit ihrem Leben sein wird und deshalb dazu neigen könnte, Drogen zu nehmen. Oder man muss befürchten, dass sie an einer schweren Depression erkranken wird.

Doch das ist Zukunftsmusik. Es gibt noch keine Methoden, einzelne Nervenzellen oder Fasern im lebenden Gehirn des Menschen zu beobachten. Die Landkarten im Kopf sind ungleich komplizierter als jeder Atlas dieser Welt. Forscher arbeiten zwar daran, die Orte und Straßen zu kartieren, aber die 100 Milliarden Nervenzellen und Billionen von Verbindungen sind sehr dicht gepackt und außerdem unter der Schädeldecke verborgen. Man kann also nicht einfach reinleuchten und eine Aufnahme machen. Mit einem Kernspintomografen lässt sich zwar ein Bild vom Inneren des Gehirns machen, und man kann sogar sehen, welche Bereiche gerade aktiv sind. Allerdings ist die Auflösung sehr grobkörnig: Man sieht nur sehr große Bündel von Nervenbahnen, wie etwa die Fasern, die zwischen der rechten und linken Gehirnhälfte verlaufen. Alle anderen Verbindungen sind auf einer Kernspinaufnahme unsichtbar. Forscher arbeiten an neuen Methoden, und es gibt vielversprechende Ansätze, etwa mithilfe von Licht speziell markierte Nervennetze aufzuspüren. Doch dafür muss man das Gehirn präparieren – das geht bislang nur im Tierversuch oder post mortem, also nach dem Tod.

Zudem wird es bei der astronomischen Zahl von Verbindungen vermutlich nicht möglich sein, Verhalten und Gefühlsmuster genau vorherzusagen. Das ist so ähnlich wie mit dem Erbgut: Es gibt nur ganz wenige Krankheiten, die auf einen Fehler in einem einzelnen Gen zurückzuführen sind. Meistens sind viele

Abschnitte der Erbsubstanz fehlerhaft und es kommen noch weitere Ursachen hinzu. Man kann daher nur statistische Aussagen machen, zum Beispiel dass jemand mit einer Wahrscheinlichkeit von 40 Prozent an Darmkrebs erkranken wird. Noch viel komplizierter als das Genom ist der Verschaltungsplan des Gehirns. Selbst wenn man ihn genau kennen würde, könnte man allenfalls mit einer bestimmten Wahrscheinlichkeit vorhersagen, wie intelligent oder wie ängstlich oder eben wie zufrieden jemand ist. Außerdem verändern sich die Verbindungen ständig, auch das macht Vorhersagen über Verhalten und Gefühle praktisch unmöglich. Ganz abgesehen davon: Wollen wir das überhaupt? Wollen wir, dass unser Gehirn daliegt wie ein offenes Buch, in dem jeder lesen kann?

Auch wenn Nervenzellen und ihre Verbindungen über unser Glück entscheiden, muss man also am Ende doch diese Mikroebene verlassen und sich auf die Makroebene von Verhaltensmustern und Persönlichkeit begeben, um zu verstehen, wie und wann Menschen Glück empfinden. Genau das tun Psychologen. In der Psychologie gibt es viele unterschiedliche Konzepte von Glück, die allerdings alle, wie gezeigt, auf ähnliche Elemente setzen: Das sind insbesondere Eigenschaften wie Einsicht, innere Stärke, Bindungsfähigkeit, soziale Intuition, Widerstandskraft oder die Grundeinstellung. Man kann sie sich wie die Achsen eines mehrdimensionalen Raums vorstellen. Je größer die Werte auf den einzelnen Achsen, umso höher die Wahrscheinlichkeit, dass man ein glückliches, erfülltes Leben führt.

Jeder Mensch hat einen individuellen emotionalen Stil, der Teil der Persönlichkeit ist. Manche haben eine positive Grundeinstellung, sie sehen eher das Gute in ihren Mitmenschen und im Leben ganz allgemein. Für andere wiederum ist das sprichwörtliche Glas immer halb leer und nicht halb voll, weil ihr Belohnungssystem so schlecht anspringt wie ein Motor mit rostigen Zündkerzen. Manche gehen auf andere Menschen zu und gehen gerne Bindungen ein – so wie die neuen Nachbarn, die, bereits eine Stunde nachdem der Möbelwagen weg ist, überall im Haus klingeln und sich vorstellen. Andere lernt man erst Wochen nach ihrem Einzug zufällig im Treppenhaus kennen.

Die gute Nachricht ist: Unsere Persönlichkeit ist nicht in Stein gemeißelt. Wir müssen nicht zwangsläufig zu neurotischen Erwachsenen werden, wenn wir als Kinder – aus welchen Gründen auch immer – ängstlich waren.

Die schlechte Nachricht: Wir selbst sind es, die unserem Glück am stärksten im Wege stehen. Unsere Persönlichkeit und unser Verhalten können verhindern, dass wir zufrieden sind. Wir sind zum Beispiel ängstlich und wagen uns nicht an neue Herausforderungen. Wir sind unzufrieden mit unserem Job, weil er zur Routine geworden ist, aber wir wagen es nicht, eine andere Stelle zu suchen, weil wir fürchten, dass wir an den neuen Aufgaben scheitern könnten oder es mit unangenehmen Kollegen zu tun haben werden. Wir würden auch nicht umziehen, weil uns soziale Kontakte eher schwerfallen und wir Angst haben, in einer neuen Stadt keine Freunde zu finden. Auch die Erwartungen, die wir selbst und die anderen an uns stellen, können verhindern, dass wir glücklich sind. Es ist richtig, sich Ziele zu setzen – wir sparen auf ein neues Auto, wir nehmen uns vor, die Wohnung zu renovieren, wir schreiben uns für den Italienischkurs an der Volkshochschule ein, um beim nächsten Urlaub wenigstens das Essen in der Landessprache bestellen zu können. Aber wir dürfen uns keine Aufgaben stellen, an denen wir zwangsläufig scheitern werden, weil wir nicht genug Geld, Zeit oder Verstand haben. Wir müssen wissen, was wir können, und das auch akzeptieren.

Viele Menschen scheitern an den Erwartungen ihrer Umgebung, sehr oft an denen ihrer Eltern. Väter und Mütter sind schließlich oft überzeugt, ja sie müssen sogar überzeugt sein, dass ihre Kinder die Schönsten, Besten und Klügsten sind. Sie sind einfach einmalig. Leider erkennen manche Väter und Mütter aber nicht, dass ihr Nachwuchs eben doch nicht so intelligent oder so fleißig ist, wie sie selbst es sind. Sie halten die Messlatte hoch und immer höher, was oft nicht gut geht. Kinder können dadurch das Selbstvertrauen verlieren, und es besteht die Gefahr, dass sie sich immer mehr zurückziehen, manche flüchten sich in die Welt der Drogen. Der Umkehrschluss ist allerdings unzulässig: Nicht jeder Drogensüchtige oder Amokläufer ist von seinen Eltern überfordert oder misshandelt worden, wie die tragische Geschichte des Highschool-Massakers von Columbine zeigt. In ihrem bewegenden Buch *Liebe ist nicht genug* schildert Sue Klebold, die Mutter des Schützen Dylan Klebold, ihr Familienleben vor dem Amoklauf. Nichts deutete auf ein gestörtes Verhältnis hin, und für sie gab es keinerlei

Anzeichen, dass Dylan unter starken Depressionen litt. Aber die Symptome sind für Laien auch schwer von den normalen Begleiterscheinungen der Pubertät zu unterscheiden, während der Jugendliche sich häufig zurückziehen und nicht mehr mit der Familie reden.

Wir leben generell in einer Zeit fast unbegrenzter Möglichkeiten und hoher Erwartungen. Massenmedien und die Kommunikation übers Internet machen Informationen für alle verfügbar und wecken viele Sehnsüchte. Jeder kann ein Star sein, suggerieren uns Sendungen wie *Dschungelcamp* oder *Deutschland sucht den Superstar*, jeder hat das Zeug zum großen Auftritt. Und wir leben in Zeiten permanenter Beschleunigung: viele Reisen, wechselnde Lebenspartner, Extremsport. Heute wünschen sich schon Zehnjährige zum Geburtstag einen Tandem-Gleitschirmflug, vor 30 Jahren hätte man sich den allenfalls mit 60 gegönnt. Der Topmanager muss eigentlich den Mount Everest oder zumindest den Kilimandscharo bestiegen haben, um zu beweisen, dass er zu extremen Leistungen fähig ist. Wir konsumieren gerne und viel, Onlineshopping macht es einfach, alles überall und zu jeder Zeit zu bestellen. Die Erotisierung in den Medien führt dazu, dass Erotik nichts Besonderes mehr ist, ein raffiniert geschlitztes Kleid fällt nicht mehr auf.

Wenn das Leben ständig voller neuer Eindrücke ist, wird das Belohnungssystem in unserem Gehirn überfordert. Denn das Belohnungssystem verstärkt wichtige Informationen, bewertet Handlungen und steuert unser Verhalten, ursprünglich um unser Überleben zu sichern. Heute geht es nicht mehr so sehr um das Überleben und Fortpflanzen in einer gefährlichen Welt, sondern um das Überleben in einer komplizierten Welt, in der wir permanent Entscheidungen treffen müssen. Gelegentlich kann es daher hilfreich sein, zu überlegen, ob wir tatsächlich schon wieder einen Kick brauchen oder lieber einmal gezielt Abstinenz üben. Dann können wir das nächste Erlebnis umso mehr genießen. Auch bewusster Genuss hilft gegen Überforderung und beugt Langeweile vor.

Denn Langeweile entsteht auch durch Gewöhnung. Das Belohnungssystem nutzt sich gewissermaßen ab. Fast jeder kennt diesen Effekt in einer Partnerschaft: Man lernt sich kennen, ist rasend verliebt und nach ein paar Jahren beginnt die anfängliche Begeisterung der Gewohnheit, im schlimmsten Fall der Langeweile, zu weichen – wenn man nicht dagegensteuert, zum Beispiel indem man seine Routinen durchbricht, den Partner mal mit einer Einladung in ein neues Restaurant oder einem Wochenendausflug überrascht. Dasselbe passiert mit dem neuen Kleid oder dem Auto, das wir unbedingt haben wollten, wenn wir es ein paar Wochen besitzen. Wir haben uns daran gewöhnt, es gefällt uns zwar, aber es macht uns nicht mehr glücklich.

Viel zu oft gehen wir durchs Leben und denken gar nicht daran, wie viel Glückspotenzial wir haben. Entweder weil wir uns daran gewöhnt haben oder weil wir es nicht erkennen. Denn unser Gehirn ist trainiert, sich darauf zu konzentrieren, Aufgaben zu lösen und Hindernisse zu überwinden. Der Chef bittet uns darum, etwas Schwieriges zu recherchieren, der Partner ist chronisch krank und braucht Unterstützung, der Sohn hat eine Fünf in Mathe und wird ohne Nachhilfe möglicherweise sitzenbleiben. Das Leben ist voller Herausforderungen, die wir bewältigen müssen. Umso mehr hilft es, das Gehirn darauf zu trainieren, das Glück, das wir erleben, auch zu erkennen. Eine gute Übung besteht darin, täglich kleine Glücksmomente gewissermaßen zu sammeln: Man lenkt die Aufmerksamkeit auf die positiven Dinge im Leben, also was an kleinen und großen Anforderungen und Aufgaben gelungen ist, was uns gefreut hat, das Lob und die Anerkennung, die wir erhalten haben und die unserem Belohnungssystem guttun.

Man sollte sich dafür ganz bewusst einmal am Tag Zeit nehmen, am besten abends kurz vor dem Schlafengehen, es kann aber auch in der Mittagspause sein. Oft reicht es aus, darüber nachzudenken, was man im Leben schon geschafft hat oder welche kleinen Dinge in den letzten 24 Stunden gut funktioniert haben. Es kann aber auch hilfreich sein, die Glücksmomente aufzuschreiben, zum Beispiel in einem Glücks-Tagebuch, in dem man immer wieder nachlesen kann. Eine andere Methode besteht darin, die positiven Erlebnisse auf kleine Zettel zu schreiben, die man in einem Glas sammelt. Nach einer Weile kann man dann sein Glück regelrecht mit den Händen greifen.

Diese Art des Trainings nennt man Dankbarkeitstraining. Zur Dankbarkeit gehört natürlich ebenfalls, anderen dankbar zu sein beziehungsweise sie zu loben. Unser Gehirn wünscht sich Lob, denn wir sind soziale Wesen. Soziale Kontakte sind ein wichtiger Glücksfaktor, und Anerkennung und Wertschätzung gehören ganz wesentlich dazu, wenn wir mit anderen Menschen kommunizieren. Es gibt sogar Apps, die uns daran erinnern, dankbar zu sein beziehungsweise andere zu loben.

Mit dem Dankbarkeitstraining sowie der in Kapitel 8 vorgestellten Achtsamkeit und Meditation können wir unser Gehirn verändern. Es gibt viele kleine, schnelle Achtsamkeits- und Meditationsübungen, die man regelmäßig, am besten jeden Tag machen sollte. Es hilft dabei, sich dafür eine ruhige Ecke zu suchen, wo man nicht ständig von Mitbewohnern oder Familienmitgliedern gestört wird. Wichtig ist auch, sich eine Zeit vorzugeben, zehn oder 20 Minuten, die man einhält, auch wenn es am Anfang schwer ist. In einer bequemen Sitzhaltung versucht man zunächst, seinen Atem zu kontrollieren, zum Beispiel indem man in den Bauchnabel ein- und ausatmet. Danach konzentriert man sich bewusst und nacheinander auf die einzelnen Körperteile von der linken Zehenspitze bis zum Scheitel.

Natürlich ist das Ergebnis des Trainings nicht so sichtbar wie der kräftige Bizeps nach drei Monaten Fitnessstudio oder die gute Kondition nach einem Lauftraining. Aber Sie können sicher sein, dass jede Form des mentalen Trainings Spuren in den Nervennetzen hinterlässt, das Gehirn ist trainierbar wie ein Muskel. Das Geheimnis von Glück und Zufriedenheit liegt im Gehirn. Daher sollten wir die Möglichkeiten nutzen: Denken und verhalten Sie sich glücklich!

Weiterführende Literatur

Hilke Brokmann und Jan Delhey (Hrsg.): *Human Happiness and the Pursuit of Maximization. Is More Always Better?*, Dordrecht 2013. Der Sammelband untersucht die Zusammenhänge von Wohlstand und Glück.

Richard Davidson und Sharon Begley: *Warum regst du dich so auf? Wie die Gehirnstruktur unsere Emotionen bestimmt*, München 2016. Unterhaltsam geschrieben und wissenschaftlich fundiert von dem berühmten US-Psychologen und Glücksforscher.

Bjørn Grinde: *The Biology of Happiness*, Dordrecht, Heidelberg, New York, London 2012. Ein Übersichtsband, der Glück aus der Sicht der Geschichte, Soziologie, Politik, Gehirnforschung und Evolution beleuchtet.

Eric R. Kandel, James H. Schwartz und M. Thomas Jessel (Hrsg.): *Neurowissenschaften. Eine Einführung*, Heidelberg 1995. Die deutsche Ausgabe des US-Lehrbuchklassikers über das Gehirn. Die neueste, fünfte Auflage der amerikanischen Fassung *Principles of Neural Science* von 2012 ist bislang nicht ins Deutsche übersetzt worden.

Klaus Lieb: *Hirndoping*. Artemis & Winkler, Mannheim 2010. Der Mediziner Lieb warnt vor den Gefahren der Leistungssteigerung.

Lok Sang Ho: *The Psychology and Economics of Happiness*, London 2014. Der Wirtschaftsforscher aus Hongkong hat eine Theorie des geistigen Kapitals entworfen, die stark an die

Bausteine des PERMA-Konzepts aus der Positiven Psychologie erinnert.

Gabriele Pitschel-Walz. *Lebensfreude zurückgewinnen: Ratgeber für Menschen mit Depressionen und deren Angehörige.* Urban & Fischer, München 2003. Ein verständliches Buch mit vielen guten Tipps für Betroffene.

Michael Soyka. *Medikamentenabhängigkeit.* Schattauer, Stuttgart 2015. Suchtexperte Michael Soyka beschreibt, wie Arzneimittel abhängig machen und wie man die Sucht bekämpft.

Michael Soyka. *Wenn Alkohol zum Problem wird: Suchtgefahren erkennen – den Weg aus der Abhängigkeit finden.* Trias, Stuttgart 2009. Hilfreicher Ratgeber für alle Betroffenen und ihre Angehörigen.

Richard F. Thompson: *Das Gehirn. Von der Nervenzelle zur Verhaltenssteuerung*, Heidelberg 2016. Ein Fachbuch in fünfter Auflage für Studenten anderer Fachrichtungen als Biologie und Medizin, die Basiswissen über das Gehirn suchen.

Zeitschriften, Artikel und Informationen im Internet

Journal of Happiness Studies ist die wissenschaftliche Variante der Wohlfühl-Zeitschriften: Eine interdisziplinäre Fachzeitschrift, die seit dem Jahr 2000 Artikel unterschiedlicher Disziplinen druckt. http://www.springer.com/social+sciences/wellbeing+%26+quality-of-life/journal/10902

Interessante Denkanstöße liefern die TED-Talks, ein Vortragsformat mit Videos im Netz. Unter dem Schlagwort »happiness« finden sich interessante Vorträge von Forschern, zum Beispiel von Harvard-Psychologe Dan Gilbert: https://www.ted.com/talks/dan_gilbert_asks_why_are_we_happy?language=de

»Hygge – der dänische Weg zum Glück«, Übersichtsartikel über die Hygge-Bewegung im *Philosophie Magazin* Nr. 03/2017, S. 33–37.

Eine gute Übersicht über die Glücksforschung bietet das Sonderheft »Glück. Was uns wirklich zufrieden macht« in der Reihe *Spektrum Kompakt*, 2015.

Deutscher Glücksatlas. Wird von der Deutschen Post jährlich herausgegeben. Interaktive Aufbereitung der Befragung unter www.gluecksatlas.de

Der *World Happiness Report* wird seit 2012 von den Vereinten Nationen auf der Basis einer Meinungsumfrage in 155 Ländern erstellt. http://worldhappiness.report/